Greater China Otaku
term Dictionary

中华宅用语词典

はちこ 著

中華オタク用語辞典

文学通信

カバーイラスト＝特雷西胡
装丁＝西内友美（文学通信）

はじめに

　気づいたら日本語を勉強しはじめて 10 年が経つ。

　10 年経っても自分の日本語は未熟で、いまだに新しい単語や表現を見かけてはわくわくする。特に、趣味のマンガやアニメをはじめとするサブカルチャーに関する新しい用語や表現は、毎日のように発見があっていつも新鮮な気分でいられる。

　中国・日本とふたつの文化に跨がるオタクとして、言語の学習者として、日本人オタクにとってなじみの言葉が、新語として中国語の中で定着したり、中国人オタクが発する言葉が日本人に認知されたりすることほど面白いことはない。今日に至り、互いの国のネット環境の発達はこの現象の広がりに拍車をかけた。嬉しい反面、言葉の意味が曖昧になることや、時間が経つにつれてネット上で自然消滅してしまうことが残念でならないと思う。こうした状況の中、私ができることは何だろうと考えてみると、用語・新語を多くの媒体で記録し、これから研究したい人に少しでも手がかりを提供することだと思う。本書はその考えを実践したものである。

　また、知らないオタク用語を見かけた際、ネット上で探せばある程度意味はわかるものの、その用語の元ネタ・派生語・ニュアンス・活用法などを探すのはなかなか大変である。本書ではこうした悩みも極力解消したいと思い、言葉のリアルタイム性に配慮しつつ、定着した使い方について詳細な解説を付け加えた。本書が言葉や日中を取り巻くコンテンツ環境を知る一助になれば幸いである。

はちこ

もくじ

はじめに 3

辞典の使い方・凡例 6

1章　一般化したオタワ用語　9

☞中国でも定番のオタク用語を取り上げる。基本的な意味に加え、インターネット上で出てきた新しい使い方、実際に使われる際の細かいニュアンスの違い、また、中国で派生した意味に重点を置きながら解説する。

2章　マンガ・アニメ・ゲーム用語　19

3章　二次創作用語　53

4章　オタワ的ネット用語　67

コラム❶　中華オタワ的！　インターネット史　93
──10年前から現在までのネットサービスを振り返る

☞2～4章は、中華オタクが日頃使う用語を、各ジャンルから万遍なく取り上げる。1章で取り上げた用語のように長い年月を経て定着した用語ではなく、日本語から直接引用したものが比較的多い。解説だけでなく、使う際のニュアンスにも注目してほしい。

5章　アイドルオタワ用語　103

☞アイドルオタクといっても、韓流スター・日本のジャニーズやAKB系・中華系芸能界など、たくさんのファンクラスタを包括している。本書では所属クラスタに関係なく、共通して使われる言葉を優先的に紹介する。どのクラスタが発祥か、どのクラスタで最も使われているかも含めて解説する。

6章　大人向けオタク用語　139

☞エロコンテンツを含めた男女関係にまつわる言葉を取り上げる。エロコンテンツは男性・女性向け問わず、日本の影響が大きい。中華圏に伝わる際、日本語のひらがなが脱落し、漢字のみを残して男性オタクを中心に広がる例が多く、意味は日本語とほぼ同様である。本書ではそうした用語は基本的に取り上げず、二次元コンテンツに対して使う単語や、日本語とニュアンスが違うものを中心に紹介する。

7章　オタク的四字熟語　163

☞中華オタクがインターネット上で使う四字熟語について説明する。昔ながらの四字熟語に新たな意味が付与されたものもあるが、言葉の組み合わせとして定着し、四文字に略した用語のほうが多い。また三文字、五文字のものも一部存在する。本書では便宜上すべて四字熟語としている。

コラム❷　中華オタク的！ SNS デビューの Tips　204
──意味不明な言葉の羅列をどう読み解くか？

参考 URL・図版出典 URL　210

索引

日本語逆引き索引　212
ピンイン索引　216
作品名・人名・キャラクター名索引　224
事項索引　228

あとがき　230

辞典の使い方・凡例

1、使い方

- **興味のあるジャンルから読みたい** ……各章を参照。※ただし各ジャンルで重複して使用される場合もある。
- **日本語の意味からひきたい** ……「日本語逆引き索引」（212 頁）へ。
- **ピンインからひきたい** ……「ピンイン索引」（216 頁）へ。
- **作品名・人名・キャラクター名からひきたい／本文中の略称や愛称などの正式名称が知りたい** ……「作品名・人名・キャラクター名索引」（224 頁）へ。
- **事項からひきたい** ……「事項索引」（228 頁）へ。
- **台湾でも用語が使えるか知りたい** ……下記「2、凡例」① 参照。
- **中華オタクのネット事情を知りたい** ……「コラム❶　中華オタク的！ インターネット史」（93 頁）へ。
- **自分でも用語の意味を調べてみたい** ……「コラム❷　中華オタク的！ SNS デビューの Tips」（204 頁）へ。

2、凡例

①本書の内容は特別な説明がない限り、中国大陸側の文脈での解説である。台湾でも使用できる用語や、同義の別用語があるものは＝台 で示した。ただし、台マークはあくまで参考であり、人によっては使う／使わない認識が異なることを、あらかじめご理解いただきたい。

②各用語について、品詞分類＝分 類義語＝類 派生語＝派 対義語＝対 で示した。ただし、略語など品詞分類が困難なものはしていない。

③本書ではピンインが読めなくても楽しめるように、中国語の読みとしてカタカナの表記を追加した。カタカナの表記は、ホームページ「どんと来い中国語」の「中国語カタカナ変換」（https://dokochina.com/katakana.php）によった。カタカナの表記はあくまで参考であり、実際の発音はピンインに準じる。ピンインは中国教育部発布「汉语拼音正词法基本规则」（Basic rules of the Chinese phonetic alphabet orthography）を参照した。最大限努力したが、新語につき、規則に完全に当てはまらないものもあった。お気づきの点があれば、奥付の QR コードよりお知らせいただけると幸いである。

④各用語の用例は、実際にインターネット上に見られた使用例をもとに、多少の改変を加えて掲載した。

⑤別項目を参照してほしい場合は、［　］内に用語の通し番号を明記した。

1章	一般化したオタク用語	9
2章	マンガ・アニメ・ゲーム用語	19
3章	二次創作用語	53
4章	オタク的ネット用語	67
5章	アイドルオタク用語	103
6章	大人向けオタク用語	139
7章	オタク的四字熟語	163
	日本語逆引き索引	212
	ピンイン索引	216
	作品名・人名・キャラクター名索引	224
	事項索引	228

中華オタク用語辞典

はちこ 著

1章　一般化したオタク用語

001　动漫 [dòngmàn]

[分] 名詞　[類] ACG、ACGN、二次元　[派] 国漫、国产动画、国产动漫、冻鳗　[台]

[意味]
アニメ・マンガの総称

[解説]

▶「动漫」の語源および派生語

アニメ・マンガの中国語である「动画（dònghuà）」「漫画（mànhuà）」の頭文字を取って新しく作られた言葉である。この言葉の発祥は一般的に1998年創刊のアニメ・マンガ情報誌「动漫时代（dòngmàn shídài）＝アニメ・マンガ時代」【01】だとされている。台湾ではほぼ同じ意味の「ACG（Anime Comic Game）」という言葉が使われており、近年ラノベブームで、「ACGN（Anime Comic Game Novel）」という言い方も生まれた。なお、日本や欧米のコンテンツと区別するために、「国漫（guómàn）＝中国産マンガ」「国产动画（guóchǎn dònghuà）＝中国産アニメ」などの表記が使われている。

【01】「动漫时代」82号（长春电影制片厂银声音像出版社、2005年）

▶「动漫」への反感

前述の通り、「动漫」とはアニメとマンガの総称であるが、マスコ

ミや一般人は総称であることをよく意識せずに使ってしまう。また、新参のオタクたちも同様に使ってしまい、ハードコアなオタクの反感を招いてしまう。

　また、公的なニュアンスが含まれることも反感が拡大する原因のひとつだと考えられる。中国政府は2000年から徐々にコンテンツ産業に注力しはじめ、「大力発展动漫产业（dàlì fāzhǎn dòngmàn chǎnyè）＝アニメ・マンガ産業を発展させよう」というスローガンを掲げていた。外国コンテンツの放映時間帯と合計放送時間を制限し、さらに2006年以後は国産アニメを発展させるため、資金補助を行って全国各地のアニメ制作スタジオの立ち上げに着手した。その結果、2011年に中国のアニメ生産量は世界トップになったものの、低クオリティー・パクリものも多かった。

　このような背景があるため、「动漫」は古参のオタクの中であまりよい言葉ではない。その揶揄の気持ちを込めた侮蔑的な表現として、「动漫」の発音の当て字の「冻鳗（dòngmàn）」という言葉が代わりに使われている。「冻鳗」とは、文字通りの意味だと「冷凍うなぎ」になる。「冻鳗」に関して、以下のような用例が見られる。

例：はじめて知り合った二人の会話

我很宅的，每周都看海贼王的**动漫**哦
（私オタクなんだよ。毎週「ONE PIECE」見てるよ）

哦你还看海贼王的**冻鳗**啊，厉害厉害
（へーオタクなんだね。すーごい（棒））

　2007年、日本のニコニコ動画を真似して開設された中国初のオタク向け動画共有サイトAcFunは、「天下漫友是一家（Tiānxià mànyǒu shì yījiā）＝世の中のアニメファンはひとつの家族になる」というコンセプトを掲げていた。その時代には中華オタクもオタクは皆仲間だと

本気で思っていたであろう。しかし 10 年後の今日、中国も日本のようにオタク文化の一般化が進み、オタク同士の衝突も増えた。「冻鳗」という言葉はこの衝突が表面化したもののひとつであり、決して終わりではないであろう。

002 二次元 [èr cìyuán]
ェ ァ ー ツ ー ユ ェ ン

分 名詞　類 ACG、ACGN、次文化、御宅族　派 2.5 次元、三次元　台

意味

オタク向けコンテンツの総称、オタク、
オタクコミュニティー

解説　前出の「动漫」[001] と同じく、オタク向けコンテンツの総称として知られる。しかし、「动漫」よりも使われる範囲が広く、特にオタクのコミュニティーを指すことが近年非常に増えてきた。「动漫」のようなオフィシャルな呼び方と違い、オタク同士で会話するときや、マスメディアがオタクコミュニティーを好意的に取り上げるときに、「二次元」という言葉が頻繁に使われる。「二次元」と対比的に、リアルな世界を指す場合、「三次元 (sān cìyuán)」という表現を用いる。また、声優や舞台など、現実世界にあるものの、二次元と深い関係性を持つものは「２.５次元 (èr diǎn wǔ cìyuán)」と呼ばれることが多い。

　　実際の会話の中では、ジャンルとしての「二次元」なのか、コミュニティーやオタクそのものを指す「二次元」なのか、文脈から判断する必要がある。例えば、以下ふたつの用例がある。

例1：友達同士の会話

C桑是**二次元**属性吧我记得
（Cさんって、確かに二次元の女の子好きだったりするよねー）

好像是的，不过他不怎么看动画，游戏玩得比较多
（そうらしいよ。でもアニヲタじゃなくて、ゲーマーだと思う）

例2：女の子同士の会話

昨天跟我**二次元**的小伙伴面基了，好开森
（昨日、オタクの友達とオフ会したよ。楽しかった）

怎么样？对方是池面么
（どう？相手はイケメンなの？）

没有啦w就是很一般的理科男w不过看起来人很好
（まさかw普通の理系男子だったwまあでも優しかったよ）

003 御宅族 [yùzháizú]
（ユーヂャイズー）

分 名詞（「宅」一文字で動詞や形容詞としても使える）　類　二次元、尼特、家里蹲、发烧友　派　宅、○○宅、宅男女神、阿宅、死宅、宅男、宅女　台

意味

オタク

解説　「御宅族」は日本語の「オタク」を漢字で表記し、共通の属性を持つグループを意味する「族」を付け加えた、中華圏で広く使われるなじみ深いオタク用語である。

中国語の「御宅族」の命名者や命名年は文献として残されていない

が、一般的にインターネットが早い段階で普及した台湾か香港のネット掲示板が発祥だと思われる。2000年以後、日本で大ヒットしたオタクが主人公のドラマ「電車男」(伊藤淳史・伊東美咲主演)が大陸・台湾・香港で次々とオンエアされ、「御宅族」という言葉の拡散に拍車をかけた。しかし、マスメディアがこうしたオタク文化現象を取り上げる際に、「オタク」の語源をよく理解せず、文字だけを見て解釈してしまい、「宅」＝「在宅」という誤った使い方をしてしまった。その結果、いまだに「尼特(nítè)＝ニート」「家里蹲(jiālǐdūn)＝引きこもり」が類義語として一般人に広く認識されている。例えば、台湾のあるバラエティー番組では女の子を「宅男女神(zháinán nǚshén)＝オタクの女神」と呼ぶが、大抵の場合オタクとは関係なく、単純にネット上で話題になったかわいい子を指していた。

日本語ではオタクの属するジャンル別に「アニオタ」「ドルオタ」など「○○オタ」という呼び方があるように、中国語でも「动画宅(dònghuà zhái)＝アニオタ」「偶像宅(ǒuxiàng zhái)＝ドルオタ」という呼び方がある。また日本語と違い、「宅」の一文字を動詞や形容詞としても使うことができる。例えば以下のような例がある。

例１：オンラインゲーム中の二人のチャット

哇，好久没看到你在线了诶，在现充么
（わあBさんインしてんの超久しぶりーリア充になったかと思ったよw）

没有啦w最近一直在**宅**手游w
（そんなわけがw最近モバゲーにハマってしまったw）

例２：リア充二人のLINEのやりとり

话说联谊上认识的男生超**宅**的好好笑
（合コンで知り合った男、オタクくさくてウケるんだけど笑）

> 下次见面的时候好好八卦一下
> （今度あったら詳しく教えて笑）

　マスコミなどの第三者視点を持つメディアは、オタクという集団を取り上げる際、「御宅族」の正式名称を使用することが多いが、親近感が湧く呼び名の「阿宅（āzhái）＝オタクちゃん」も稀に使われる。文脈によっては男女を区別するために「宅男（zhái nán）＝男性オタク」「宅女（zhái nǚ）＝女性オタク」などの派生語も使用される。プライベートで使用する場合は、乱暴な言い方「死宅（sǐ zhái）＝どうしようもないオタク」が使われることもある。オタクに対しての嫌悪感で使われているのか、それともオタク同士のじゃれ合いなのか、前後の文脈を見ながら判断する必要がある。

　オタク同士でしか使わない自虐的な隠語もいくつかある。中国語発祥の言葉だけでいうと、「二刺螈（èr cì yuán）」や「萌新（méng xīn）」があげられる。「二刺螈」は「二次元」と同じ発音で、少し悪意のある当て字を使用していることから、にわかのオタクへのヤジだとわかる。同様に「萌新」も新入りのオタクに対する蔑称である。「新」は「新入り」の意味で、「萌」は萌え系コンテンツ好きだけではなく、自己評価の高い人、自意識過剰な人への皮肉である。

004 腐女 [fǔ nǚ]

分 名詞（ただし「腐」一文字で動詞や形容詞として使える）　類 同人女、耽美狼、腐女子　派 伪腐、卖腐／麦麸、腐向 台

意味

腐女子

14

解説 中国ではオタクという存在はわりと早い段階でメディアに取り上げられていた。それに対して、腐女子という存在は長い間、ネット上には存在するものの、表に出ることはなかった。オタクより社会的に理解されにくい嗜好であるため、多くの中華腐女子は独自の言語体系を使用し、同じ趣味の仲間たちと閉鎖的なコミュニティーを作りあげているという特徴が見られる。

▶呼び方から見る「腐女」の歴史

男性同士の恋愛を好む女性、いわゆる今日の「腐女」は最初からその呼び方ではなかった。以下は筆者の個人的経験に基づく。2000年以前から「腐女」という言葉は存在していたが、2000年代前半までは「同人女（tóngrénnǚ）」という言葉が現在の「腐女」と同じ意味で使われ、使用される範囲も広かった。しかし2007年、日本で腐女子が主人公の四コママンガ「となりの801ちゃん」（小島アジコ作）【02】が映画化され、その後、中華圏で「我的腐女友（wǒ de fǔnǚyǒu）」と訳して紹介されたことが、「腐」や「yaoi」という言葉が広まるきっかけになったと思われる。

「同人女」という言葉から察せられる通り、2000年以前の腐向けコンテンツはアニメやマンガといった「二次元」のものが大半で、男性キャラ同士の二次創作が主な消費対象であった。二次創作の分野にも偏りがあり、二次創作のイラスト作品は少なく、同人小説が盛んだった。2000年前後、18禁など成人向けのコンテンツを嗜む女性は自分のことを「耽美狼（dānměiláng）」と称し、男性同士の淡々とした触れ合いだけで満足する「同人女」と違い、男性同士のがっつり濡れ場を好むという肉食性（＝狼）を強調した。二次創作はもちろんのこと、彼女たちはオリジナルキャラ

【02】「となりの801ちゃん」1巻、中国版（北岳文艺出版社、2009年）

ターが登場するマンガや小説(当時だと「絶愛」【03】や「間の楔」があげられる)も積極的に受け入れた。

前述の通り、2000年以後「同人女」から「腐女＝腐女子」という言葉が徐々に主流になっていった。同様に、「耽美狼」もほぼ死語になったが、「耽美小説」という小説のジャンル名として残された。日本語で書かれた耽美小説と区別するため、「原耽(yuándān)＝オリジナル(原創)BL小説(耽美)」という言葉もある。

【03】「絶愛」3巻、台湾版(東立出版社、2004年)

一般的なオタクの細分化と違い、消費するコンテンツのジャンルだけが異なる腐女子はひとつのくくりとして捉えられることが多いため「〇〇宅」(別項目「御宅族」[003]解説参照)のように「〇〇腐」といった使い方はしない。ただし、形容詞として強調用の副詞「很(hěn)、非常(fēicháng)、超(chāo)＝大変、非常に、とても」と連用することが多い。以下の用例がある。

例：腐女子同士の会話

看了最近的新番没
(今期のアニメなんか見た？)

还没有，有什么**腐**向的推荐么
(まだだなー。腐向けのおすすめある？)

小排球？虽然是正统的运动番但个人觉得还**蛮腐**的
(「ハイキュー!!」かな？本物のスポーツアニメだけど
個人的に腐ってるように見えるよ)

▶「伪腐」から「麦麸」へ

日本の腐女子の中で「BLはファンタジー」という認識や「やおい穴」

的な言い方があるように、中華腐女子の中でもやはりBLと現実の同性愛者は区別するという考え方がある。彼女たちはBLの中での耽美的、献身的な男性同士の恋愛に憧れがあるため、現実社会のゲイコミュニティーに先入観と偏見を持ってしまい、現実のゲイたちを理解しようとしない傾向がある。もちろん、現実のゲイコミュニティーに異常なほど興味を示し、ゲイバーにも出入りしてしまうという逆のパターンもある。その結果、ゲイコミュニティーに嫌われるケースもあり、腐女子たちの内部でも行き過ぎた行動を取るメンバーを粛清する動きがあった。周りの人間を妄想の対象にしないことや、実在するタレントを扱う際は関係者やタレント本人の目に触れないように注意することなど、「腐女」としてのマナーを呼びかけた。こういったマナーを守らない腐女子は「伪腐（wěifǔ）＝偽物の腐女子」だと批判し、排除しようとする雰囲気があった。

　近年はSNSの流行に伴い、「腐女」は影響力と消費力のある層として認識されつつある。彼女たちの多くは北京・上海・広州など都心部で生活し、個人の可処分所得が比較的高い生活をしている。その結果、「腐女」をターゲットとした商法が目立つようになった。特に地上波で放送されていないネット番組やネットドラマでは新人タレントを売るために、同性同士の絡みを売りにし、人気を得ようとしている。しかし、本来であれば、腐女子は妄想することが喜びであり、公式からの情報の供給過多は逆に反感を買ってしまうこともある。コンテンツ制作側のこういった腐女子に媚びる行為は中国語で「卖腐（maifǔ）＝腐を売りにする」といわれ、誤変換の言葉「麦麸（maifū）」も同じ意味で使われている。以下の用例がある。

例：オタクと腐女子の会話

连Jump都开始**麦麸**了世道变了
（少年ジャンプもとうとう腐女子に媚びってしまっていて
もうこの世は終わりだ）

是什么给你 Jump 现在才开始**麦麸**的错觉,
从以前开始 Jump 就是 BL 的温床好么
(一体いつからジャンプは腐女子に媚びてないと錯覚していた？
昔からそうだったよ)

2章　マンガ・アニメ・ゲーム用語

005 **A 站** [A zhàn]
エーヂャン

分 名詞　類 Avfun　派 同性交友网站　台

意味

AcFun（中国の動画共有サイト）
エーシーファン

006 **B 站** [B zhàn]
ビーヂャン

分 名詞　台

意味

bilibili（中国の動画共有サイト）
ビリビリ

解説

▶「A 站」と「B 站」の腐れ縁

　「A 站」(http://www.acfun.cn)【01】と「B 站」(https://www.bilibili.com)【02】は中国のオタクに特化した動画共有サイト「AcFun」および「bilibili」の略称である（中華圏ではイニシャルにサイトを意味する「站」を付け略称にする習慣がある。例えば日本の動画サイト「ニコニコ動画」は「N 站」、二次創作投稿サイト「pixiv」は「P 站」と呼ばれる）。昨今のメディアでの話題性、ユーザーのアクティビティーから見れば bilibili（日本では通称「ビリビリ動画」、略して「ビリ動」）のほうが上のように見えるが、実は AcFun のほうがコメント付き動画共有サイトとしては元祖である。

　AcFun は 2007 年に設立し、ニコニコ動画と同様に動画、音楽、エ

【01】AcFun のトップページ。

【02】bilibili のトップページ。

ンターテインメントなどの違う投稿のジャンルがある。早期のコンテンツはニコニコ動画からの転載が多く、音MADというジャンルを中国に広めた一番の貢献者である。そして早い段階からニコニコ動画の裏御三家を担った中国オリジナル素材である「全明星（quánmíngxīng）＝オールスター」を確立し、のちに中国独自のオリジナルコンテンツや、ニコニコ動画本家の動画を模倣した二次創作、三次創作も誕生して活発化した、二次創作のコミュニティである（音MAD・「全明星」については別項目「鬼畜（グゥイチュ）」[019]解説参照）。

　bilibili の創立者である「⑨ bishi」も AcFun の元会員である。AcFun の接続が不安定だったため、代替で作ったサイトが現在の bilibili の前身である。bilibili のコンテンツは基本 AcFun と同様であるが、サイトの見栄えや安定性、敷居の低さで多くの利用者を獲得した。特にモバイルアプリにいち早く対応し、若い世代のみならず、ライト層ユーザーの獲得にも成功した。対して、AcFun は長い間公式アプリがなく、PCサイトもリニューアルせずにいたため、モバイルが主流になった今日の中国のネットワーク環境に対応できず、bilibili ほど成長することができなかった。

▶ **それぞれのコンテンツと利用者の特徴**

　AcFun、bilibiliはどちらもオタクに特化した動画共有サイトではあるが、前述のようにbilibiliのほうがより幅広く、多くの一般人のユーザーまで獲得できている。しかしライト層ユーザーはオタクとしての教養が足りないため、AcFunのユーザーはbilibiliのユーザーたちを「小学生(xiǎoxuéshēng)」（別項目「Loli」[033]解説参照）とよく揶揄している。また動画共有サイトの元祖というプライドもあるため、bilibiliのユーザーに対して敵意を持つ人が多い。AcFunのユーザーは基本的にオタク歴が長いコア層で、一定の仲間内でしか通じない隠語の使用が特徴的である。AcFunはbilibiliと違い、匿名掲示板・ニュースサイトなどユーザー同士が直接会話できる機能もそろえているため、オタクコミュニティーとしてはbilibiliより機能している。また男性ユーザーが目立つため、以前から「同性交友网站(tóngxìng jiāoyǒu wǎngzhàn)＝男性オタク同士の出会いサイト」のあだ名が付くほどであった。

　bilibiliはオタクのためのサイトではあるが、利用者はオタクだけではないというのが特徴である。アメリカドラマや韓国ドラマ、中国国内のバラエティー番組など豊富なコンテンツがアップロードされ、さまざまなユーザーが視聴している。オタク趣味はまったくないのにbilibiliを知っている、利用しているという人も少なくない。

▶ **動画共有サイトのこれから**

　2011年以後、中国国内の大手動画サイトは次々と日本のアニメの放送権を購入し、今までの海賊版のイメージから脱する動きが見られた。bilibiliもその一員であり、購入した正規のアニメは「bilibili正版」のログ付きで放送され、ニコニコ動画での「提供」と同等のスポンサー体制も導入された。

　bilibiliだけではなく、ほかの動画共有サイトでも正規放送を実現している中、AcFunの版権関係の動きは極めて遅く、ほかのサイト

で会員限定放送の内容がAcFunに無断で転載され、無料で見ることができた。そのため、AcFunは何度か裁判沙汰にされたこともある。もちろんbilibiliも完全にシロではない。ユーザーが著作権を侵害しそうなコンテンツをアップロードしてもサイト側は検閲せず、放送権のあるサイトからクレームを受けてはじめて削除するという「セーフハーバー」回避策を用いた。これにより一時著作権を侵害したとしても罪に問われなくなる。もちろんこの回避策はビジネス同士の中で成り立つ話であり、政府の検閲・削除要請に対しては、AcFun・bilibiliをはじめ、ほかの動画共有サイトも抵抗しようがない。

　新聞、出版、テレビなどレガシーのメディアでは、検閲は事前に行われる。例えば、連続ドラマを製作する場合、企画から撮影完了まで何回も検閲の義務が課される。しかし、インターネットは事後検閲という制度を採用している。AcFun・bilibiliは日本のアニメを配信する場合あらかじめ検閲機関に届け出るが、連続ドラマと違い、これらアニメの内容は実際にはチェックされていない状態で配信できる(2019年以後、アニメの事前検閲制度も徐々に動き始めたが、詳細はまだ完全に公開されていない)。ただし、検閲機関からの中止要請があれば、ただちに配信を中止しなければならない。特に、わいせつ・暴力シーンがあり、青少年の教育によろしくないといった理由で親権者に通報されることはインパクトが大きい。今までに何度もアニメや海外ドラマが原因不明な理由で配信停止になったことがあり、海賊版をダウンロードする時代に戻るのではないかという懸念が、中華オタクのみならず、中国ネット民の中で生じている。これら公権力と競り合いながら、各動画サイトはさらなるユーザーの拡大と新しい収益モデルの構築にどう動き出すのか、大変興味深い話題だと思われる。

007　**生肉** [shēngròu]

分 名詞　派 熟肉、内嵌、外挂　台

意味

翻訳されていないマンガやアニメ

解説　インターネット上には、日本のアニメやマンガなどのコンテンツを違法アップロードしているサイトがたくさん存在する。これらのサイトからデータをダウンロードする際、翻訳付きの subbed ファイルと翻訳なしの raw ファイルがある。raw には未加工の意味があり、中国語の「肉」に発音が似ているため、ふたつの意味を兼ねて字幕なしのアニメ・マンガを「生肉」というようになった。翻訳された字幕付のコンテンツは「熟肉（shúròu）＝調理された肉」と呼び、「生肉」が加工されて食べられる（理解できる）ようになったという意味がある。

字幕には「内嵌（nèiqiàn）＝内蔵」と「外挂（wàiguà）＝外付」のふたつの方式がある。「内嵌」は字幕をアニメの中に埋め込むことで、ひとつのファイルとして提供する。「外挂」は字幕のファイルのみで、プレイヤーの機能で字幕を外付けの形で提供し、アニメのファイルは別途ダウンロードする必要がある。アニメの字幕のほとんどは「内嵌」で提供され、海外のドラマは「外挂」の方式を用いるケースが多い。

008　**汉化组** [hànhuàzǔ]

分　名詞　類　字幕組　派　汉化　白

意味

マンガ・ゲームを翻訳するファンの自発的組織

009　**字幕组** [zìmùzǔ]

分　名詞　類　汉化组　派　字幕君（菌）、字幕君　白

意味

アニメを翻訳するファンの自発的組織

解説

▶「字幕組」「汉化组」とは

　2017年頃、日本のアニメやマンガを無断で翻訳し、字幕をつけてインターネット上で公開した著作権侵害の疑いで「字幕組」のメンバーが逮捕された事件が数件あり、マスコミの報道によって日本のオタク界隈でも「字幕組」の存在が認識されるようになってきた。「字幕組」という中国語での呼び名をそのまま報道で使っていたため、危ない組織だと思われたかもしれない。中国語の「組（ズー）」はチームの意味であり、「字幕組」は単にコンテンツをローカライズするファンの組織である。英語の「Fan sub（ファンサブ）」と同様の意味を持つ。報道では、無断で翻訳するファンの組織を「字幕組」と一様に紹介したが、細かくいうと「字幕組」と「汉化组」という区分がある。アニメ・ドラマなど映像を翻訳するファンの組織は「字幕組」と呼ばれるが、マンガやゲームの中国語化は「汉化＝漢化（ハンファ）」といい、その組織も「汉化组＝漢化組」と呼ばれている。

　「字幕組」や「汉化组」の組織構成は一人から数十人までおり、作業量と緊急度によって人数が変わる。同人誌程度や単発の翻訳は一人でもできるが、人気作品の場合は需要が高く、より多く視聴してもらうためには日本での放送後、最遅でも翌日中にインターネット上にアップロードされることが一般的である。少人数では対応が厳しく、チームワークも必要である。ゲームの中国語化の場合、ルートによる分岐がある場合は、個別のチームが同時進行で翻訳の役割を分担するのはもはやデフォルトである。

　「字幕組」と「汉化组」は基本ボランティアであり、作業に生活の大半の時間が取られるため、メンバーの入れ替わりが激しい。特に学生は就職すると学生時代ほど自由時間が取れなくなるため、どこの「字

幕組」「汉化組」も常時メンバーを募集している印象がある。募集対象は日本語が堪能な人だけではなく、日本語がわからなくてもフォトショップなど画像や動画編集ソフトウエアに詳しい人や、日本在住で雑誌・書籍情報を提供できる人も歓迎される。まったくの初心者でも勉強したければ入れる。

　ボランティアなのになぜ「字幕組」に入りたがるのだろうと疑問を持つ人もいると思うが、活きた日本語の勉強、原作への愛、仲間同士の情報交換などが動機としてあげられる。ただし、日本側での取り締まりが強くなり、中国側も正規放送が拡大しているため、「字幕組」「汉化組」は次々と縮小、解散しているのが現状である。

▶「字幕組」と「汉化組」の仕事

　実際にどのような流れで字幕を作成するのか、マンガを中国語にするのか、簡単に紹介したいと思う。ゲームに関しては知識がないため割愛する。

　「字幕組」が、字幕付のアニメを公開するために、最低限必要な手順は次の通り。まず、字幕なしのアニメファイル（前出の項目「生肉」［007］参照）を入手する。自宅で録画しアップロードする人もいるが、ソフトウエアを利用して他人がアップロードした動画を直接ダウンロードすることも可能である。その後、翻訳・校正のプロセスを踏んで、内容に問題がなければ字幕作成ソフトウエアを使い、字幕ファイルを作成する。次に、字幕ファイルと動画を結合させ、FTP サーバーにファイルをアップロードし、ダウンロードリンクを生成する。最後に、掲示板・SNS などにリンクを貼り付ける。

　原作のあるアニメの場合は原作の翻訳を参考にして訳すことが多いが、オリジナル作品に関して、ひと昔前は完全に翻訳する側のヒアリング力だけが頼りだった。しかし、最近は日本語字幕が入手可能となったので、日本語を見ながら翻訳することが多くなった。

　「汉化組」の仕事は「字幕組」と似ているが、同じではない。例えば、

ジャンプ系作品を中心に扱う「汉化组」はスピードが命なので、インターネット上に「生肉」がアップされるのを待っていたら、閲覧数稼ぎのタイミングを逃してしまう。また、マンガのスキャンはアニメの録画・圧縮・転送よりもしやすいため、日本にいる各「汉化组」のメンバーがマンガ誌を購入してスキャンし、その後共有ソフトウエアを利用して、中国国内にいるメンバーとファイルを共有する。再生紙でできた週刊誌はスキャン後の画像が荒いため、フォトショップなどを利用してもう一回画像を加工する必要がある。紙を真っ白にし、画像が鮮明に見られる状態でベースとなる「图源(túyuán)」が完成する。「生肉」は広い意味で翻訳されていないコンテンツを指すが、「图源」は処理後の漫画画像のみを指す「汉化组」の内部用語でもある。画像の日本語のせりふを消し、翻訳された中国語を入れる。こだわりのある「汉化组」だと、日本語のフォントに近いものを利用し、違和感が生じないように最大限の努力をする。そこから掲示板・SNSへの公開となる。

▶ 「字幕组」と「汉化组」の選別から見るオタクのリテラシー

「字幕组」や「汉化组」はコンテンツ自体が共通であるため、それぞれの差別化を図るには、翻訳の質・字幕への工夫がポイントとなる。一見同じように見えるが、それぞれ個性や、強み・弱みがある。例えば、ゲーム原作のアニメに強い「澄空学園字幕组（chéngkōng xuéyuán zìmùzǔ)」、ラノベ原作のアニメに強い「轻之国度（qīng zhī guódù)」、腐向けアニメに評判のある「WOLF字幕组（WOLF zìmùzǔ)」、百合向けアニメが得意な「千夏字幕组（qiānxià zìmùzǔ)」など、見るアニメによって違う「字幕组」を選択するのが上級者である。

現在、動画サイトで正規放送されているコンテンツの翻訳は、代理店や業者に依頼することが多い。しかし、代理店や業者は基本的に最低限のせりふしか翻訳しないため、翻訳の質を重視し、「字幕组」を利用する中華オタクがまだまだ多い。

010 坑 [kēng]

[分] 名詞　[派] 大坑、填坑　[台]

[意味]
沼、作品の完結を待ち続ける状態

[解説]「坑」とは日本語の「沼」、つまり何かしらのコンテンツにどっぷりハマっている状態を表すことに近い表現である。また中国では、作者（原作、二次創作問わず）が連載を休止したり、人気が出すぎてなかなか完結できなかったりすることが原因で、オタクたちがやむを得ず作品の終わりを待ち続ける状態を指すこともある。未完結の作品を完結させることは「填坑 (tiánkēng)」といい、穴埋めのイメージである。中華オタクの中で有名な「坑」、いわゆる「大坑 (dàkēng)」には、連載・休載を繰り返す「HUNTER × HUNTER」（冨樫義博作）や、まったく完結が見えない「名探偵コナン」（青山剛昌作）がある。

例1：SNSへの投稿

胖达暴走中
1月10日 12:00　来自 微博 weibo.com
最近入了刀男人这个**大坑**…
（最近とうらぶの沼にハマってしまった…）

例2：SNSへの投稿

万事屋的胖达
1月10日 12:00　来自 微博 weibo.com
猎人重开连载了但是又更10话，不知道有生之年还能不能看到这个**大坑**被填上…
（「HUNTER × HUNTER」の連載が再開したけど、また10話更新して休載。生きているうちに完結を見る日が来るかしら…）

011 白嫖 [báipiáo]
（バイ ピィァオ）

分 名詞　類 伸手党　派 BP（「白嫖」ピンインの頭文字）

意味

コンテンツにお金を払わない上に態度がでかい人

解説　「白嫖」とは、コンテンツにお金を払わない人を指す言葉である。言葉の元の意味は、風俗を利用したのに、お金を払わない悪客のこと。「白」は「タダ」、「嫖」は「買春」の意味である。

　かつては海賊版が氾濫した中国のコンテンツ市場であるが、現在では合法化が進み、消費者側の版権意識も高まっている。しかし、海賊版が完全に消滅したとは言い切れない。何かしらの事情でいまだに海賊版を利用し続けるオタクがいるが、こういった人は「白嫖」とはいわない。「白嫖」は、お金を払わない上に態度がでかく、コンテンツに文句をいったりする悪質な人を指す。似たような言葉に、自分で努力せず他人を当てにする人を指す「伸手党（shēnshǒudǎng）」がある。「白嫖」と同じく皮肉を込めた言い方であるが、この言葉はオタク界隈に限らず、インターネット上で広く使われるネットスラングである。

例1：アイドルオタクのSNSへの投稿

胖达＠香香推
1月10日12:00　来自 微博 weibo.com
连本命的演唱会都只看直播，跟**白嫖**有什么区别
（推しのコンサートにお金を払わずに、ネット上の生中継をタダで見るなんてファン失格）

例2：SNSへの投稿

路人胖达
1月10日12:00　来自 微博 weibo.com

28

> 受不了那些**伸手党**，随手一百度都能解决的问题都要问别人，服
>
> （すぐ聞いてくる人は本当にムカつく。それくらい自分でググればわかるのに）

012 控 [kòng]
コン

分 動詞　派 ○○控　台

意味

フェチ、好き

解説　日本語の「ロリコン」や「ショタコン」という言葉の影響を受け、「コン＝控」は中華オタクの中でも一般的に使われている。しかし中国では、「コン」の語源となる「コンプレックス＝情结 (qíngjié)」という意味よりも、例えば、「足控 (zúkòng) ＝足フェチ」「眼镜控 (yǎnjìngkòng) ＝メガネフェチ」のように「フェチ」に近い使い方か、あるいは「猫控 (māokòng) ＝猫好き」のように広義の「好き」という意味になる。

013 萌豚 [méngtún]
モントゥン

分 名詞　類 声豚　台

意味

萌え豚

解説　「萌え豚」は、萌え系コンテンツに夢中な男性オタクのことを指す。日本語をそのまま中国語として使っているが、蔑称というイメー

29

ジはあまりなく、当初からオタクコミュニティーでしか通じない自虐
的な自称として使われていた。声優ファンの自称のひとつとして知ら
れる「声豚（shēngtún）」も同じニュアンスで使用される。

　萌え系の指す範囲は人それぞれだと思うが、誰もがイメージするよ
うな、登場人物のほとんどが美少女キャラで、展開もギャルゲーに似
ている作品だけでなく、全体的にストーリーの起伏があまりなく、女
子高生の日常生活を淡々と描く作品（いわゆる空気系・日常系）も「萌豚」
向けだといわれている。

014 **人民币玩家** [rénmínbìwánjiā]

分 名詞　類 課金（玩家）、氪金（玩家）　対 RMB 玩家、时间玩家　台
「人民币玩家」ではなく「課金玩家（課金ユーザー）」を使用

意味
重課金ユーザー

解説　「人民币玩家」を直訳すると「人民元を払うプレイヤー」となる。
日本語の「課金ユーザー」と似ているが、若干ニュアンスが違い、普
通の課金よりも重度の課金をする、いわゆる「重課金ユーザー」を指す。
日本語の「課金」や「課金ユーザー」という言葉は、中国語でも同じ
漢字の「课金（kèjīn）」「课金玩家（kèjīn wánjiā）」として定着している。
そのほかに、発音の当て字の「氪金（kèjīn）」「氪金玩家（kèjīn wánjiā）」
も広く使われている。課金ユーザーの対義語として、「时间玩家（shíjiān
wánjiā）」があげられる。お金の代わりに多くの時間を使い、プレイ技
術を磨き上げることでレアなアイテムをゲットしたり、アカウントや
キャラクターのレベルアップさせ続けたりするタイプのユーザーであ
る。

015 伪娘 [wěiniáng]

分 名詞　類 瑞穗、可爱的男孩子、女装dalao、扶她　派 伪郎、萝太
台

意味
男の娘

解説　「伪娘＝偽の女の子」は、日本語の「男の娘」と同じ意味の中国語として知られる。また、2005年に日本で発売されたPCゲーム「処女はお姉さまに恋してる」(キャラメルBOX発売)【03】の影響で、主人公である宮小路瑞穗の名前「瑞穗 (ruìsuì)」が男の娘の代名詞として一時期使われていたが、現在はほとんど使われていない。

【03】「処女はお姉さまに恋してる」漫画版（ういらあくる作、台灣角川、2019年）

今時の中華オタクは「伪娘」のほかに「可爱的男孩子 (kě'ài de nánháizi)＝かわいい男の子」「女装dalao (nǚzhuāng dàlǎo)＝女装少年／女装男子」を使用することが多い。類義語の「扶她 (fútā)」は同人用語の「両性具有」というジャンルに当てはまる。「伪郎 (wěiláng)」は「伪娘」からの派生語で、男装の女の子を指す。「萝太 (luótài)」はロリとショタからの造語で、女装しているかわいいショタを意味する。

016 的说 [deshuō]

分 助動詞　類 阿鲁、poi、...etc.　台

意味

キャラ語尾として使用（意味はない）

解説 「的说」は、日本のアニメキャラの語尾「〜のだ」「〜ッス」などを翻訳する際に使用されることの多い単語である。中国語としては特に意味がない。

日本のアニメを中国語に翻訳する際、語尾に特徴のあるキャラクターのせりふは標準語で翻訳した上で、語尾に無意味な終助詞をつけるのが一般的である。ただし、日本語と比べて語尾の種類が少ないため、種類が豊富なキャラクターの口癖に対しては方言を取り入れるか、日本語の発音を漢字やローマ字でそのまま表現するかの2パターンがある。「的说」は前者で、浙江省や四川省、台湾の方言だといわれている。後者の例として、「銀魂」（空知英秋作）【04】の登場人物である神楽の「〜アル」は「〜阿鲁（ālǔ）」となり、育成シミュレーションゲーム「艦隊これくしょん」（DMM.com発売）のキャラクターである夕立の「〜っぽい」は、そのまま「〜poi」と表現したりする。

【04】「銀魂」3巻、中国版（中国美术出版总社・连环画出版社、2012年）登場人物の神楽。

017 弾幕 [dànmù]

分 名詞　**台** 使用するが、日本の使い方に近い

意味

動画上に流れるコメントのこと

解説 「弾幕」とは、動画上に流れるコメントのことである。日本語の

場合、動画上のあるタイミング（多くは盛り上がる場面）で、同じコメントが流れることやその行為に限定して「弾幕」というが、中国語の場合、画面上のコメント全般を「弾幕」という。

▶読み方問題

「弾幕」という言葉が中国に伝わってきた際、読み方についてもめた時期があった。「弾」の発音には、「dàn」と「tán」の二種類があるため、「tánmù」と読む人もいたが、のちに「弾幕」の日本語の意味が「弾丸の幕を張る」ことであると知られ、今では「弾丸」を表現できる「dàn」の読み方が定着している。

▶中華動画サイトの弾幕あるある

筆者の経験では、中華オタクは日本のニコニコ動画ユーザーよりもカラフルな色を「弾幕」に使用する印象がある。例えば、キャラのイメージカラーで発言し、推していることを強調する。ほかにも、お約束の色の使い方があるので、少し紹介したい。

● 緑色：NTR（＝寝取られ）は中国語でいうと「戴緑帽（dàilǜmào）＝緑色の帽子をかぶる」となるので、NTRシーンのコメントは緑色で書き込むのが通である。ちなみに「戴緑帽」は慣用語で、「元明代には娼妓の夫は緑色の頭巾をかぶらねばならないという規定があったことから、妻を他人に寝取られる」（中国語辞典、白水社）という意味。

● 黄色：中国語の黄色にはわいせつや卑猥の意味がある。日本語のピンクとよく似ている。そのため、エロいシーンを見る際や邪な考えがあった場合、自己申告するかのように黄色でコメントする場面がよく見受けられる。

● 赤色：赤色は結婚式などで使われているめでたい色なので、BL・GL・NLを問わず、カップリング成立の時、赤文字のコメントや「囍（xǐ）」（「喜」の文字を横にふたつ並べて作成された漢字。読み方は「喜」と同じ。縁起物として結婚式などで用いられる）の文字がたくさん流れる【05】。腐女子フィルタ

ーをかけると、同じ画面に推しの二人がいるだけでもうカップリング成立認定であり、見つめ合ったりすると実質付き合っていると見なされるため、二人が画面上にアップされるだけで「これはもう結婚！」「デキてる！」「おめでとう」「はやくキスして！」など赤文字コメントが投稿される。

【05】カップリングの二人がアップされた場面に流れる、赤字で「囍」の弾幕の例。

018 空耳 (コンェァー) [kōng'ěr]

[分] 名詞　[派] 文芸空耳、下限空耳　[台]

意味
空耳

解説
ニコニコ動画発祥の「空耳」文化（本来の歌詞とは違う歌詞を、あたかも本来の歌詞であるかのようにつけて楽しむこと）は、中国の動画共有サイトでも浸透している。さらに動画の内容ごとに細分化しており、文学的かつよく洗練された「文艺空耳 (wényì kōng'ěr) ＝文芸空耳」と、少し下品的だが面白い「下限空耳 (xiàxiàn kōng'ěr) ＝下限空耳」がある。

019 鬼畜 (グゥィチュ) [guǐchù]

[分] 名詞　[類] 洗脳（神曲）　[派] 全明星　[台]「ドS」としてのみ使用

意味
ドS、音MAD

解説 中国語の「鬼畜」は、「ドS」と「音MAD」のふたつの意味がある。「ドS」という意味は「鬼畜攻（guǐchùgōng）＝鬼畜攻め」などの言葉で見受けられるが、「音MAD」としての「鬼畜」は音MADそのもの、または音MADを作成するための技法を指す。

　音MADとは、音声のリズムや歌詞の内容に合わせ、既存のコンテンツを再加工して作られた動画のこと。あまり厳密な言い方ではないが、本書では動画ベースの二次創作として定義しておく。

　音MADがひとつのジャンルとして成り立っているゆえんは、作り（技法）が特徴的であり、元ネタの曲（原曲）および映像（素材）がある程度限定されているからだと考えている。例えば、技法として、素材の音程合わせとせりふ合わせを用いて元の素材を歌わせる方法（「人力ボーカロイド」ともいう。素材となる音源を人力で切り貼りし、VOCALOIDのように歌わせること）や、一節の音・台詞をカットアップして反復させる方法などがあげられる。原曲としてよく使われるのはアニメやゲームなど二次創作になじみのあるものばかりではなく、洋楽やJポップもしばしば見受けられる。素材も同じく、アニメやゲーム以外に、テレビCMを取り入れるケースがある。音MADの特徴を捉えて「洗脳（xǐnǎo）＝洗脳（ソング）」や「神曲（shénqǔ）＝神ソング」という言い方もある。なお、台湾では日本語由来の「電波ソング」と呼ぶのが一般的である。

　人気シューティングゲーム「東方Project」（上海アリス幻樂団製作）を素材にした二次創作・三次創作である「鬼畜シリーズ」をきっかけに、音MAD動画が大量にAcFunに輸入されてきた。これらの音MAD動画に影響され、ニコニコ動画本家の動画を真似した三次創作や、同じ技法を使用して中国の素材を活用したオリジナルの音MAD動画が盛んになった。有名なローカル素材として、中国出身の声優葛平さんのインタビュー動画や、「金坷垃（jīnkēlā）」（以下「金カラ」）という肥料【06-1】のCMなど、たくさんの作品がある。こういった素材をまとめて「鬼畜全明星（guǐchù quánmíngxīng）＝鬼畜オールスター」、あるいは略して「全明星」ということが多い。

【06-1】「金坷垃」のパッケージ。社名は「アメリカンサンディエゴ」だが、河南省にある企業が開発・販売元。

【06-2】音MAD「『金坷垃』をください」のワンシーン。

　音MADの素材がどのように発掘、拡散、定着するかというと、例えば「金カラ」の場合、中国の一部ローカルテレビで放送されたCMの登場人物、せりふが強烈で、当時AcFunの有名なp主（動画投稿者）がこれを元に音MAD「『金坷垃』をください」【06-2】を作成し、爆発的に人気が出た。日本のアニメ「おジャ魔女どれみ」（東堂いづみ原作）の主題歌「おジャ魔女カーニバル‼」にあわせ、前述の「人力ボーカロイド」の技法でCMに登場する三人組を歌わせ、原曲と「金カラ」のCMから女の子の声を合成して作品の中に入れたのは画期的だった。「金カラ」は2009年頃のコンテンツだが、今も定番の音MAD素材のひとつで、さまざまなユーザーによる新作も定期的に出ている。

020 搬运 [bānyùn]
バンユン

分 動詞　派 搬运工　台

意味

転載

解説 「搬運」とは、動画をほかのウェブサイトから転載することである。AcFun や bilibili が設立された当初はコンテンツが少なく、ニコニコ動画や YouTube など、ほかのサイトから動画をたくさん転載していた。今日でも、中国からニコニコ動画や YouTube には直接アクセスすることができないため、転載の需要は依然としてある。こういった動画を転載するユーザーを「搬運工（bānyùngōng）＝動画を運ぶ職人」という。

リーファン
021 **里番** [lǐfān]

分 名詞 対 表番 台

意味

18禁のエロアニメ

解説 「里番」とは、主に OVA（「オリジナル・ビデオ・アニメーション」の略）の形で販売する 18 禁のエロアニメを指す隠語である。日本語の「裏番組」とはまったく関係なく、中華オタクの造語である。対義語に「表番（biǎofān）」という言葉があり、テレビ局で放送されるアニメのことを指す。

パオミェンファン
022 **泡面番** [pàomiànfān]

分 名詞 派 尿番 台

意味

ショートアニメ

解説 「泡面番」とは、3 分や 5 分の尺のショートアニメのことである。

「泡面」は「インスタントラーメン、即席麺」の意味（「泡」はお湯を入れるという動詞、「面」は麺の中国語）、「番」は「番組」の略で、この場合はアニメ作品を指す。インスタントラーメンを作る、あるいは食べるぐらいの時間しかないことから、「インスタントラーメンアニメ」という名が付けられた。また、普通のアニメ番組は1話30分だが、テンポよく展開していて体感的に5分に感じられるぐらい、あっという間に終わってしまったというようなアニメも、場合によって「泡面番」と呼ばれている。3分以下のアニメはインスタントラーメンどころか、お手洗いに行ける程度の時間であるため、「尿番（niàofān）＝おしっこアニメ」と呼ばれる。

023 **粉切黑** [fěnqiēhēi]

🀄 略語は使わないが元となるフルバージョンは使用

意味

ピンク髪のキャラクターは全員腹黒

解説　「粉切黑」は略語で、フルバージョンは「粉毛切开来都是黑的（Fěnmáo qiē kāi lái dōu shì hēi de）＝ピンク髪のキャラの中身は全部黒い」、つまり腹黒いという意味。発祥は日本のアニメ「機動戦士ガンダムSEED」（矢立肇・富野由悠季原作）の登場人物であるラクス・クラインらしいが、言葉が広まったのは日本のマンガ・アニメ「未来日記」（えすのサカエ作）のヒロインである我妻由乃あたりかと思う。最初はただだかわいい美少女なのに、ストーリーが展開するにつれて徐々に腹黒い面が暴露され、人格の欠陥も露出してしまう。そのギャップの大きさによる衝撃がこの言葉が拡散した理由だといえるであろう。

　数多くの作品で、ピンク髪のキャラクターが腹黒化していたので、中華オタクの中では、ピンク髪のキャラクターはいくら外見がかわい

くてもとりあえず警戒しようという風潮がある。

例：SNS への投稿

新・胖达
1月10日 12:00 来自 微博.weibo.com
说圆神**粉切黑**纯属于同人属性设定，明明切开来也都是粉红的…
（アルまど様が腹黒とか完全に同人の設定やろう。中身まで女神なのに…）

024 戦五渣 [zhànwǔzhā]
ヂャンウーヂャ

派 战斗民族／种族 台

意味

戦闘力たったの 5…ゴミめ…

解説 「ドラゴンボール」（鳥山明作）の登場人物であるラディッツの名ぜりふ「戦闘力たったの 5…ゴミめ…」の中国版を、さらにアレンジしたものである。フルバージョンは「战斗力只有五的渣滓 (Zhàndòulì zhǐyǒu wǔ de zhāzǐ)」。戦闘力の「战」、数字の「五」、ゴミを表す「渣」の三つの漢字がピックアップされている。このフレーズは他人をディスる（否定、侮辱する）ときや、自虐するときのどちらでも使えるが、他人に対して使う場合は強めの煽りとなるため、TPO に要注意である。

ちなみに「渣」は四川方言「渣滓 (Zhāzǐ)」の略で、オタクは畳音の「渣渣」をよく使う。これは、ニコニコ動画でもおなじみの「総統閣下シリーズ」（映画「ヒトラー〜最期の 12 日間〜」に嘘の字幕をつけた MAD）の、中国語での空耳が影響する。ちなみに、同じ箇所を日本語では「バーカ」と空耳するらしい。

同じく「ドラゴンボール」の影響で、戦闘力の強い民族は「战斗

民族（zhàndòu mínzú）＝戦闘民族」といわれ、中国のインターネット上だとロシアを指すことが大半である。ロシア人は常にけんか腰でアルコールを片手に持ち、身体能力が高く、常識の斜め上を行くような行動を取るものであるという固定観念が根強いからだと考えられる。一方、ロシアは美男美女が多い国とも認識されている。特に女性がコスプレをする場合、その優れた美貌・スタイルから、まるで二次元のキャラクターそのもののように完成度が高いことがある。この場合、例2のように褒め称える表現にも使える。日本のインターネット上で使われる「おそロシア」のタグと同じニュアンスであろう。

例1：SNSへの投稿

胖达初号机
1月10日 12:00 来自 微博 weibo.com
今天组队的真是猪队友，**战五渣**还单挑boss心不是一般的大
（今日のクラン戦、一人のメンバーがクソ弱いのにボスを挑発して意味わからねえ）

例2：SNSへの投稿

量产机胖达
1月10日 12:00 来自 微博 weibo.com
看俄罗斯漫展的照片，觉得**战斗民族**的cosplay简直太神了，种族天赋不服不行…
（ロシアのイベントの写真を見たけど、さすが戦闘民族。神コスプレすぎてぐうの音も出ない…）

025 **颜表立** [yánbiǎolì]
イェンビィャオリー

意味

色で推しを表す

解説 「顔表立」は「色（中国語の「顔色」は「カラー」の意味）は立場を表す」という意味である。戦隊モノやアイドルアニメのコメントの中でよく見かける。キャラクターごとにテーマカラーが設定される手法自体は新しいことではないが、この言葉が誕生したのは最近だと思われる。おそらく中国でも大ヒットした日本のアニメ「魔法少女まどか☆マギカ」（Magica Quartet 原作）あたりから、頻繁に使われるようになった。

この言葉の使い方、行為としては、例えば動画サイトで「魔法少女まどか☆マギカ」を見るときにピンク色を使ってコメントをすれば、ピンク髪でピンクの衣裳を着ている登場人物のまどか推しだとアピールすることができる。

筆者の印象だが、中華オタクは日本のオタクより積極的にカラー文字を使用する（別項目「弾幕」[017] 参照）。日本のオタクの場合、歌詞や何かを強調したいときにのみカラー文字を使用する。むやみにカラー文字を使用するとコメントで叩かれることもある。しかし、中華オタク界隈では、文字の色や大きさなどに文句をつけることは少ない。唯一、動画の下に配置するようなコメントを投稿するユーザーは嫌がられる。理由は極めて単純で、字幕の邪魔になってしまうからである。

▶浸透しつつある弾幕文化

余談だが、bilibili・AcFun などコメントが投稿できる動画サイトの影響で、今では「优酷土豆（yōukù tǔdòu）＝優酷土豆」や「Tencent（中国語表記は「腾讯（téngxùn）」）」など、本来アニメ動画配信に特化していない動画サイトも、一部コメント機能を実装している。ただし、機能の豊富さの面から見れば、bilibili がダントツである。コメントの質は動画やアニメを見るときのエクスペリエンスに直結するため、表示させるコメントの内容をユーザー側である程度コントロールできるような工夫も見られる。例えば、特定のキーワードや表示場所・カラー別にミュートしたり、アカウントなしのゲストユーザーによるコメントを非表示にしたり、画面の一部（「下方」や「真ん中」など）のコメン

トを非表示にするなどは、一般登録会員であれば標準で利用できる機能である。カラー文字のコメントは荒らしが多いので、これも非表示の対象になっている【07】。

　中国における弾幕文化推進の担い手であるbilibiliは、自らの優位性を理解し、さらなる弾幕の機能を開発しつつある。中でも特に注目を浴びたのは、2018年6月にリリースされたキャラ自動避け弾幕だ。この機能は、動く人間の顔や全身を自動認識し、コメントが顔に被らないように制御することができる。いわゆるbilibili版「踊ってみた」チャンネル「宅舞（zháiwǔ）＝オタクダンス」のいくつかの動画に先行リリースされ、今後ほかのチャンネルにも展開していくといわれている。

　別項目「B站」[006]でも少し触れたが、現在のbilibiliはオタクをはじめ、多くのサブカルチャー愛好者が集まるコミュニティーになりつつある。そのため、古き良きアニメオタクだけではなく、アイドルオタク、韓国系や中華ローカルのアイドルファンの利用比率も増す一方である。利用者層の変化は、実装する機能やサイト全体のデザインにも影響する。今回のキャラ自動避け弾幕も、推しの表情をよく見たいアイドルオタクにとって需要の高い機能のひとつであり、技術面上の評判もよい。しかし、反発がないわけでもない。別項目「弾幕护体」[141]や「颜表立」といった独特な弾幕文化が、新機能の導入によって消えてしまうという懸念がある。

　今後、新勢力・旧勢力オタクの比率の変化に、bilibiliを含め中国全体の動画サイトがどのような影響を与えるのか、引き続き注目すべき動向だと考えている。

【07】bilibiliの設定画面。きめ細かなミュート機能を提供しているほか、正規表現までサポートしている。この設定は複数のデバイスで同期できる。

▶ **日中弾幕文化の違い**

　前述の通り、日本のオタク界隈では、弾幕・コメントは動画本来の内容を邪魔してはいけないという意識が強い。弾幕職人・歌詞職人（動画に歌詞や弾幕を投稿する人。カラフルな文字や記号・サイズ・タイミングなどを駆使して動画の見栄え、娯楽性を高める）がやっていることは、動画をデコることであり、個人的な主張は表に出さない【08】。カラー文字で自分の意見を投稿してみると、高確率で「赤文字ニキうるさい」（「ニキ」は「あねき」「あにき」の略で、敬称とも蔑称ともなる。ここでは後者）などのコメントが返ってくる。

　それに対して、中華オタク界隈ではこういった認識は比較的ゆるい。例えば、夏休みの初日に公開されたアニメの最新話では、「夏休みだー」「学生で今休みの人、ノ」（「ノ」は手を上げた状態を表し、ここでは賛同者に挙手を求めている）「試験爆死した」「単位やばい」など、動画の内容とは関係ない旬の話題を投稿することがある程度許される。もちろん、それについて不快に思う人は当然いる。この場合、喧嘩するよりもミュート機能を活用して見えなくする。意見の食い違いや荒らしといった行為を未然に防ぐことはほぼ不可能だが、巻き込まれてしまったユーザーにそれ以上の被害が出ないように、高機能のミュート機能を設ける

拡大

【08】デコられた動画。ニコニコ動画で放送されたテレビアニメ「同居人はひざ、時々、頭のうえ。」（みなつき原作）のオープンニングシーン。2色を使用して歌詞を立体化させ、さらに画面上に出ている猫の足跡を文字コードで表現。歌詞職人さんのこだわりがわかる。

ことで、ユーザー同士のトラブルを軽減し、ユーザーの定着にもつながるであろう。

026 周指活 [zhōuzhǐhuó]

意味

来週のアニメを見るまでは生きろ

解説 「周指活」は略語で、フルバージョンは「这周就指望这部番活了 (Zhèzhōu jiù zhǐwàng zhè bù fān huóle)」である。直訳すると「今週生きていくモチベーションはこのアニメしかない」になるが、意味合いとしては日本のオタクがいう「来週のアニメを見るまでは生きろ」というフレーズに近い。主に萌え系のアニメを好む男性オタクがよく使用している印象である。基本的に1フレーズとして単独で使うことが多いが、形容詞としても使用できる。以下はその一例である。

例：SNSへの投稿

胖达@NERV
1月10日 12:00 来自 微博 weibo.com
摇曳露营真是**周指活**的动画，看完之后满满的幸福感，抚子真是太萌啦！
（毎週の生きがいアニメ、最近「ゆるキャン」がきてる。見たら幸せな気分になるし、なでしこは萌えすぎ！）

「周指活」と呼ばれる対象となるアニメは、先の展開が気になり早く続きを見たいというようなストーリー性の高いものではなく、どちらかというとゆったりで癒やし系のものである。近年放送されたものだと、「ご注文はうさぎですか？」(Koi作)、「小林さんちのメイドラゴン」(クール教信者作)、「うらら迷路帖」(はりかも作) などがあげられる。特に、

日常系・四コマ百合系の作品を多く出版している芳文社は、「周指活」
アニメ原作の宝庫であるといえる。

サ オ ツァオ ズゥォ
027 骚操作 [sāocāozuò]

分 名詞

意味
裏技、ライフハック

解説　ゲーマーの腕を褒めるとき使う言葉である。日本語の神業、真
似ができないという意味での、裏技、バグ技などの言葉に相当する。
中国の標準語の中で「骚」を形容詞として使うときにはマイナスイメ
ージが強いが、一部地方の方言では「すごい」「非常に」といったプ
ラスの意味がある。この言葉はおそらく方言を発祥としてインターネ
ット上で広がったと考えられる。ゲーム以外に、生活上の裏技・ライ
フハックの意味としても使える。

例1：ネット記事のタイトル

骚操作! 玩家 90 分钟速通《辐射》全系列!
（まさに神業！プレイヤーが90分で「Fallout」全シリーズを最速クリア！）

例2：ネット記事のタイトル

关于 MAC OS 你不知道的 10 个骚操作
（あなたが知らない MAC OS の 10 の裏技）

デ ー ピィェン レ ン
028 纸片人 [zhǐpiànrén]

分 名詞 台

> 意味

二次元のキャラクター

> 解説

「紙片人」は、人が激やせして紙っぺらほどの厚みしかない状態を指し、言葉自体は新しくない。しかし、2018年前後に二次元キャラクターの代名詞として広く使われるようになった。経緯には諸説あり、一説によると、最初にそのように使ったのは中国でヒットした恋愛シュミレーションゲーム「恋与制作人 (liàn yǔ zhìzuòrén)＝恋とプロデューサー」(Paper Studio 開発・運営)【09】のプレイヤーである。このゲームはいわゆるソシャゲ(ソーシャルゲーム)で、ストーリーを進めるに連れて大量に課金が必要になってくる。「恋与制作人」のヘビーユーザーの自虐的発言「時間とお金を使って結局紙っぺら画像(ガチャで出たカード)と恋愛している」は、このゲームのユーザーみならず、オ

【09】「紙片人」の元ネタといわれるゲーム「恋与制作人」のダウンロードページ。

タク全体の共感を得たため、以来「纸片人」が二次元キャラクターの隠語として定着した。

例：SNSへの投稿

新・胖达
1月10日 12:00 来自 微博 weibo.com

纸片人最好了！加藤恵俺の嫁！
（二次元最高！加藤恵は俺の嫁！） ※中国でも「俺の嫁／俺的嫁／俺嫁」を使用

029 摸头杀 [mōtóushā]

分 名詞

意味

なでなで

解説 「摸头杀」とは、アニメやゲームの中で、主人公がヒロインの頭をなでなでして好感度をあげる必殺技である。「摸头」は「頭を触る、なでなでする」こと。「杀」は「必殺、必殺技」のこと。

　二次元の世界では、落ち込んだり、怒ったりする女性キャラクターに対してこの必殺技を発動することで、相手を慰めるほかに、間違いなく好感度があがる。しかし、現実世界の、特にオタクにとっては想定通りの結果にならないことが多く、まさに伝説の技である。

030 寄刀片 [jìdāopiàn]

意味

カミソリレター

解説　「寄刀片」は、いわゆるカミソリ入りの手紙を送ることで、アニメ・マンガオタクが作品の展開を受け入れられないときや、自分の推しが不当な扱いをされたとき、自分の不平不満を原作者・監督・脚本などに対してぶちまける際に使う言葉である。脅迫に見えるがあくまでネタ的な発言で、中国から日本への国際郵便の送料も高いため、実践する人はまずいないだろう。

　この言葉の由来は、日本の過激なファンやアンチファンが脅迫的な文章やカミソリ入りの手紙をマンガ家に送ったことが、中国のニュースで紹介されたことであった。その際、「カミソリ入りの手紙（カミソリレター）」が、「寄刀片＝カミソリを送る」と訳された。以後、この言葉は、作品や原作者・監督・脚本などに対して不平不満を述べるときの定番ネタとして、中華オタクの中で定着した。

例：SNSへの投稿

胖达初号机
1月10日 12:00 来自 微博 weibo.com
FZ 补完了，最喜欢孔明和大帝。切嗣 papa 和闪闪本来不喜欢但到最后也是转粉了。虽然故事结构，音乐，制作都很棒但一直都想给老虚**寄刀片**是真的
（「Fate/Zero」消化完了。ウェイバーとライダーが一番好き。最初は切嗣パパと金ぴかがあまし好きじゃなかったけど、最後は普通に好きになった。全体の構成、音楽、制作はよくても、なぜかめっちゃ虚淵玄にカミソリレターを送りたい）

　用例の通り、日本の脚本家として知られる虚淵玄は、陰鬱な作風、ストーリー展開が多いため、ファンの中ではカミソリレターを送りたい相手としてランキング上位に入る存在である。そのほか、泣かせる系の作品を多く手がけたゲームシナリオライターの麻枝准、ダークな展開と複雑な人間関係を描く脚本家の大河内一楼、岡田麿里も、カミソリレターを送りたいランキングの上位に輝く方々である。

031 **11区** [shíyī qū]
シーイー　チュ

分 名詞　類 泥轟／霓虹、島国　台

意味

日本

解説　元ネタは2006年に日本で放送された
テレビアニメ「コードギアス　反逆のルル
ーシュ」（大河内一楼、谷口悟朗原作）【10】である。
作品の中で日本は植民地化され、「エリア
11」と呼ばれている。この作品は中国で大変
人気があるため、アニメの中で日本を指す「エ
リア11」がのちに日本を指す用語としてオ
タクの中で定着した。

【10】「コードギアス　反逆のル
ルーシュ」1巻（台灣角川、2008年）

　そのほかの呼び名として、日本の発音を
そのまま音写した「泥轟（níhōng）」「霓虹（níhóng）＝ネオン」がある。
オタクを含め、地理の特徴から日本を「岛国（dǎoguó）＝島国」と呼
ぶネットユーザーも少なくない。中国は大陸国家で日本は島国である
ことや、日中の国民性の違いなどを論じる際によく使われる。

032 **666** [liùliùliù]
リィゥリィゥリィゥ

分 形容詞

意味

すごい、すげー、つええ

解説　ゲーム実況動画発の言葉である。実況主のスムーズなゲーム操

拡大

【11】「666」のコメント例。ゲーム試合実況のシーン。選手のよいプレイに対して「666」と投稿されている。

作を褒める言葉として用いられる「溜 (liù)」と、数字の「6」は同じ発音のため、入力しやすい「666」がはやるようになった【11】。桁数に制限はなく、たくさんの「6」を入力するほど実況主への感服が表せる。「溜」という言葉自体は一声と四声の2通りの発音があるが、四声（6の発音と同じ）は話し言葉の中でよく使われる、「上手、すごい」の意味である。例えば、中国人が流暢な日本語を喋っているのを見て「あなたの日本語は上手です」と相手を褒めたい場合、「日文说得很溜 (Rìwén shuō dé hěn liū)」というと、よりネイティブで万人ウケする表現になる。ちなみに、Twitter界隈で「君日本語本当上手」という偽中国語がはやっているが、これは一部の中華オタクにしか通じないので、相手を見て使ったほうがよい。

033 Loli [luólì]
ルゥォリー

分 名詞　類 小学生　白

意味

ロリータ、ネット上で痛い発言をする女性オタク

解説 「Loli」は通常のロリータの意味と、インターネット上の痛い発言をする女性オタクを軽蔑するふたつの意味がある。「Loli」は漢字で書くと「萝莉(luólì)」となる。後者の意味で使われる場合、「幼い」を意味する「小」が加わり、「小萝莉(xiǎo luólì)」を用いることが多い。ニュアンス的には日本語の「幼女」に近い。性別関係なく痛い発言や行動をするオタクに対しては一般的に「小学生(xiǎoxuéshēng)」ということが多い。これは日本語の「厨房」の使い方に近い。

例1：腐女子同士の会話

真是受不那些在正常向的番里刷女主去死的**小萝莉**…
（一般向けのアニメの中でヒロインしねとかコメントする腐女子超イタイ…）

腐女的名声都是被这些**小萝莉**搞臭了，
不懂什么叫圈地自萌
（これで腐女子の評判が悪くなるよねー。
もう本当に自分の妄想の中で完結すればいいのに）

例2：オタク同士の会話

最近B站的弹幕质量堪忧
（最近ビリ動のコメント、質が下がったな）

小学生都放假了嘛
（もう夏休みだからしょうがない）

3章　二次創作用語

034 　BG
ビージー

| 分 | 名詞 | 類 | 正常向 | 白 | 「BG」ではなく「正常向」「一般向」を使用 |

意味

NL（Normal love）

解説　日本の二次創作用語として、同性の恋愛関係である「BL（Boy's love）」や「GL（Girl's love）」、男女のカップリングである「NL（Normal love）」という分類がある。「BL」「GL」は中国でも使われているが、「NL」は和製英語のため使われておらず、その代わり「BG（Boy & Girl）」という言葉が使われている。類義語の「正常向（zhèngchángxiàng）」も同じ意味で用いられる。

035 　CP
シービー

| 分 | 名詞 | 類 | 配対 | 派 | 西皮、冷CP、逆CP、掐CP | 白 |

意味

カップリング

解説　日本語の「カップリング」の「カップ」からふたつの頭文字を取った略称で、キャラクター同士の恋愛関係を表す同人用語として知られる。一般的に直接「CP」ということが多いが、場合によってその中国語である「配対（pèiduì）＝ペアリング」や、発音の当て字である「西皮（xipí）」を使用することもある。

53

「CP」には日本にない使い方がひとつある。それは同人活動でペアになることが多い二人が、お互いのことを「自分のCP」と呼ぶことである。例えば、同人誌を作る場合、絵担当と文章担当の二人を「CP」という。コスプレをする場合、原作でもカップリングとして成り立つキャラクターのコスプレをする二人を「CP」という。ただし、関係性の薄いキャラクター同士の場合は「CP」とはいわない。会話の中では以下のような使い方をする。

例：コスプレイヤー同士の会話

这周想出银魂的外景，有没有人可以组 cp 啊？我 cos 银时
（今週外で「銀魂」撮影したいけど、組んでくれる人いる？私銀時をやる）

好啊好啊我可以出土方
（いいよ。じゃ私が土方やるから）

　「CP」は汎用性が高く、前に動詞や形容詞を付け加えるだけでたくさんの派生語が誕生する。中国でよく使用される表現として、「冷CP（lěng CP）＝マイナーカプ、マイナーカップリング」「逆CP（nì CP）＝逆カプ」「掐CP（qiā CP）＝カップリング争い」がある。使い方は以下の例を見てほしい。

例1：SNS への投稿

胖达暴走中
1月10日 12:00　来自 微博 weibo.com
在 P 站竟然没有找到我喜欢 CP 的同人图，A×B 的 CP 有这么冷么？
（支部でいろいろ探したのに、好きなカップリングのイラストがないんだよ！A×Bってそんなにマイナーなの？）　　※支部= pixiv

例 2：SNS への投稿

量产机胖达
1月10日 12:00 来自 微博 weibo.com

喜欢的作者的新刊竟然**逆**我的 **CP**，好纠结
（好きな作者さんの新刊が逆カプできつい）

例 3：SNS への投稿

胖达暴走中
1月10日 12:00 来自 微博 weibo.com

这部的官方 **CP** 明明是 AxB 嘛,小 M 竟然说是 AxC！不能忍！
跟她在网上**掐**了一天的 **CP**
（このアニメの公式カップリングはＡ×Ｂなのに、Ｍちゃんはａ×Ｃだって！ふざけるな！今日一日中ネットで叩き合ったよ）

036 **大大** [dàdà]

[分] 名詞 [類] 太太、大手、汏 [派] 大触、大角虫、巨巨（苣苣） [対] 小透明

意味

大手

解説 「大大」とは、同人活動で優れた人への尊称である。いつ誰が使いはじめたかを調べるのは難しい。中国語の「大大」は目上の人の総称であり、そこに日本語の「大手」(同人活動で人気のある作家・サークルを指す)という言葉の影響を受けて、「大大」という言葉が生まれたと考えられる。相手が女性の場合、「太太 (tàitài) ＝奥さま」という呼び方になる。日本語の「大手」とほぼ同じで、名詞として使用されている。ひとつだけ日本語と違う使い方として、作家さんのニックネームの後ろに「大大」や「太太」を付けると、日本語の「○○様」「○○先生」のニュアンスとなる。

例：SNS への投稿

量产机胖达
1月10日 12:00 来自 微博 weibo.com
离上次出本已经过去整整三年终于等到了はちこ**太太**的新刊，我，我要出去跑圈！！はちこ**太太**我爱你！！！
（はちこ先生３年ぶりの新刊！ちょっと走ってきます！！はちこ先生、好きだ！！！）

「大大」や「太太」と似たような言葉として「巨巨／苣苣 (jùjù)」もあるが、皮肉的なニュアンスを込めた「先生（笑）」としての使い方もあるので、文脈をよく見て判断する必要がある。

例：SNS への投稿

路人胖达
1月10日 12:00 来自 微博 weibo.com
看到首页有人转はちこ**苣苣**新刊炒冷饭的推，苣苣出道至今一直是一个花样玩到现在，不明白为什么还有捧
（TL ではちこ先生（笑）の新刊が二番煎じってツイートが流れてきたけど、いつものことじゃない？ずっと好きな人がいるほうが不思議なんだけど）

相手が絵師やプロのゲーマーの場合、「大大」のほか、「大触 (dàchù)」が用いられることが多い。「大触」は「大大」と「触手」を結合した造語である。絵師に使う場合、絵がうまい上に早く出来上がり、まるで筆を持つ触手がたくさんあるようだというニュアンスが含まれる。ゲーマーに使う場合、まるで多くの触手で操作しているような人間離れした神業だと尊敬するニュアンスになる。どちらも褒め言葉として使用できる。ただし、プロの漫画家に対して「大大」は使ってもよいが、「大触」はやや失礼にあたる。定番の呼び方は「老师 (lǎoshī) ＝先生」である。「大触」をさらに略した「触」や、文字を分解した「角虫 (jiǎochóng)」も同じ意味で使われている。

例：SNS への投稿

胖达暴走中
1月10日 12:00 来自 微博 weibo.com

过一段时间再去看自己以前的作品就会觉得画得极丑，整日沉迷电脑手机根本没有进步，为什么那些**大触**们为什么就画那！么！好！啊！
（ちょっと時間が経ってから昔の作品を見ると下手くそだと思っちゃう。PCやスマホにハマってて全然前に進まない…何でほかの絵師たちはそんなにうまいんだろう…）

037 小透明 [xiǎotòumíng]
シァオトウミン

[分] 名詞　[対] 大大

意味

ごく一般のオタク

解説　前出の項目「大大(ダーダー)」[036]の対義語として使われる。「特に才能のないオタク」の意味で、自虐的に使うことが多い。「透明(トウミン)」は「目立たない、影が薄い」ことを意味する。

例：動画投稿の紹介文

做了很久的 MAD 终于放出来了，喜欢原作 3 年了，虽然一直是一个**小透明**但是一直想自己做产出，第一次投稿还有许多不足，希望前辈能多多指教！
（ずっと作っていた MAD をやっと投稿できた。原作を好きになってもう 3 年ぐらい経つ。いつもは影の薄いオタクだけど、自分の力で何か作ってみたいとずっと思っていた。はじめての投稿で足りない部分が多いと思うけど、いろいろと教えていただければと思います！）

038 产出 [chǎnchū]
チャンチュ

分 名詞、動詞　白 「产出」ではなく「二次創作」の略「二创」を使用

意味
二次創作物

解説　「产出＝产み出す」は二次創作物のことを指す。イラスト・SS小説（サイドストーリーやショートストーリーの略で、いわゆる二次創作小説のこと）だけでなく、動画なども「产出」という。

　日本の場合、イラストやSS小説はpixivなど二次創作のプラットホームサイトができる前には、個人サイトで連載されることが多かったが、中国の場合では個人サイトよりも個人のブログや掲示板に掲載されることが多かった。

例：SNSへの投稿

胖达暴走中
1月10日 12:00 来自 微博 weibo.com
好羡慕 AxB 粉，**产出**多到吃不完。哪像我们萌冷西皮的，自产自销都不够
（A×Bの同人は食べきれないほどあるからめちゃ羨ましい。うちらマイナーカップリング萌えだし自分でがんばるしかない）

039 安利 [ānlì]
アンリー

分 名詞、動詞

意味
おすすめ、勧誘

解説 中国語でアムウェイを「安利」という。そのマルチ商法が有名なことから、転じて「おすすめ」「勧誘」という意味で中華オタクの中で使われる。

アムウェイをやる人はよく「你知道安利吗 (Nǐ zhīdào ānlì ma) =アムウェイって知ってる？」と周りの人に声をかけるため、中華オタクたちはほかの人に何かをすすめるときに冗談で「ねぇ、○○って知ってる？」という。そのうち、アムウェイは動詞化され、誰かに何かをすすめることを「安利○○」というようになった。例えば、「安利新番 (ānlì xīnfān) =新アニメ番組をすすめる」のような使い方をする。用例には、名詞・動詞のふたつの例をあげた。

例1：SNSへの投稿

胖达初号机
1月10日 12:00 来自 微博 weibo.com
最近接受了朋友一款游戏的**安利**
（最近友達からすすめられたゲームをはじめた）

例2：SNSへの投稿

量产机胖达
1月10日 12:00 来自 微博 weibo.com
这个太太的同人图真是太棒了！！强烈**安利**给你们，想看的可以直接去太太P站的主页看！
（この作家さんの作品が素晴らしすぎて超おすすめ！支部のリンクを送るからみんな見てみて！）

040 语C [yǔC]

介 名詞　白 「语C」ではなく「bot」を使用

意味

なりきりアカウント、キャラクターbot

解説 「語 C」は中国語「语言 cos（yǔyán cos）＝言語コスプレ」の略称。キャラのアイコンを使用し、口調もキャラクターそっくりで、一見キャラクター bot（キャラクターのせりふなどをプログラムによって自動的に発信するアカウント）のように見えるが、実際のところ投稿は手動で行われ、何かしらの二次設定が含まれる。複数のアカウントを互いに会話させて物語を展開させることもあり、二次創作の一種とも捉えられる。筆者の感覚ではあるが、近年 Twitter や Weibo などの API 利用規制、身分認証が厳しくなり、自動投稿型の bot を自作するハードルが高くなった。その結果、簡単に作成でき、普段の投稿と同じ感覚で運営できる手動投稿型 bot が増えたため、「語 C」という用語の意味も bot に吸収、統一されつつある。

チンシュイ
041 清水 [qīngshuǐ]

分 名詞 対 肉 台

意味

全年齢向けのコンテンツ

解説 「清水」は漢字の通り「清らかな水」の意味である。その清純なさま、ピュアなイメージから派生した用法として、性的感情を刺激するような描写が一切なく、基本的にキス止まりで、暴力描写もほとんどない、全年齢向けのコンテンツの総称とされている。

　　その対義語で年齢制限のあるコンテンツを「肉」という。例えば、「肉文（ròuwén）」はストーリー性をあまり重視せず、性描写だけに注力する文章のことである。傾向的に日本で BL を指す「やおい」（やまなし、おちなし、いみなし）に近いが、BL に限らず、NL や百合など、すべてのジャンルに使える。

例：知恵袋など回答系ウェブへの投稿

> 求推荐BL文，最好是已完结的忠犬攻x女王受的文，清水的最好，**肉文**就免啦
> （【募集】完結したBL小説。忠犬攻め×女王受けのストーリー性重視）

042 OOC
オーオーシー

[分] 形容詞　[白]　「角色崩坏（キャラ崩壊）」をより使用

意味

キャラ崩壊

解説　「OOC」は英語「Out of character」の略で、本来は英語にある言い方で「(その人)らしくない」「普段の立ち振る舞いと違う」という意味を持つ。この意味から派生し、同人の世界では「原作のキャラクターと違う」ことを表す。日本語でいうところの「キャラ崩壊」に近い。なぜ中華オタクがこの用語を使い始めたのか、きっかけとなる作品は追跡できないが、欧米原作の作品であることは間違いないであろう。

例：SNSへの投稿

胖达暴走中
1月10日 12:00 来自 微博 weibo.com

觉得A太太的文很 **OOC** 的只有我一个人么…一直觉得她总喜欢把小攻添加一些痴汉属性还蛮雷的
（AさんのSS小説はわりとキャラ崩壊していると思うのは私一人だけなのかな…攻めに溺愛の属性を付け加えるのも結構な地雷だわ…）

043 乱炖 [luàndùn]
ルゥアンドゥン

分 名詞　類 混剪、群像

意味

クロスオーバー

解説　「乱炖」は本来、中国の東北地区でよく食べられる調理法のひとつである【01】。手元にある野菜、肉を適当に味付けし、煮込むというもの。食材を区別せずに使うという意味から、日本語の「クロスオーバー」（異なるジャンルが交じり合うこと）と同じ意味として、中華オタクの中で使われている。普段

【01】池袋の中国東北料理店「千里香」で食べられる「乱炖」。筆者撮影。

の会話ではあまり使われないかもしれないが、動画のタイトルやタグでよく見かける。映画やドラマなど二次元以外の動画に関しては、「混剪 (hùnjiǎn) ＝リミックス」や「群像 (qúnxiàng) ＝カットバック」など、映画・動画編集の専門用語を使うケースが多い。

044 拉郎配 [lālángpèi]
ラーランペイ

分 名詞

意味

クロスオーバーカップリング

解説　「クロスオーバー」と一緒によく使われる単語。「郎＝男性キャラクター」に、無理やり「拉＝引っ張る」「配＝カップリングさせる」

という意味を加え、違う世界・世界観のキャラクターをひとつのカップリングとして成立させることを意味する。また、同じ作品の中であまり関わりがないのに無理やりカップリングさせることも「拉郎配」というので、文脈を見て判断する必要がある。

例1：動画サイトへ投稿した動画のタイトル

銀魂 × 黒篮 腐向 CP **拉郎配**
（銀魂×黒バス腐向けクロスオーバーカップリング）

例2：SNSへの投稿

胖达＠香香推
1月10日 12:00 来自 微博 weibo.com

A和B在原作中明明没有什么太大的交集却硬生生被某些CP粉YY，**拉郎配**也要有个限度好吧
（AとBは原作の中で大して関わりがないのに、一部の腐女子がカップリングしてるのは妄想にもほどがあるだろう）

045 场代 [chǎngdài]

分 名詞、動詞　派 场取　白「代購（代理購入）」をより使用

意味

イベント会場での代理購入

解説 「场代」とはイベント会場で代理購入してもらうことである。
イベント会場ではない普通の買い物代行は「代购（dàigòu）」という。「场代」の派生語として、「场取（chǎngqǔ）」がある。事前に同人誌を予約しておき、当日会場で受け取るということである。

046 玛丽苏 [mǎlìsū]

マーリースー

分 名詞。まれに程度副詞と一緒に形容詞として使用できる　台 台湾では日本語語源の「妄想少女」を使用

意味

メアリー・スー、夢女子

ゆめじょし

解説 「玛丽苏」の出典は1970年代に書かれた、アメリカのSFドラマ「スタートレック」の二次創作小説。小説にはオリジナルのヒロイン「メアリー・スー」が登場する。容姿・頭脳とも優れた少女で、すべての男性キャラが彼女に夢中になる。この小説は当時の二次創作の風潮を揶揄するようなネタ小説で、その切り口の鋭さは広く受け入れられた。以後、登場人物に作者自身が投影され、理想化された二次創作、またそれらを好んで消費する読者を「玛丽苏」と呼ぶようになった。

「玛丽苏」の語源は二次創作であったが、大陸側の文脈を見る限り一次創作で使われることもかなり多い。筆者の経験になるが、2010年頃、少年ジャンプの人気作品の世界観を取り入れた、第一人称の「玛丽苏」風同人小説が誕生した。その後、オリジナル主人公が登場する小説も多数発表された。これらの小説は当初、同人の掲示板や女性向け小説サイトで連載され、読み手が限られていた。しかし、一般向けの掲示板に晒されたことにより、大喜利のネタのひとつになり、「玛丽苏」という概念も結果的に多くのネットユーザーに知られるようになった。そこから、本来の意味からやや逸脱した使い方も徐々に出てきた。例えば、別項目「粉 (fěn)」[073]で紹介した、自分とアイドルが恋愛感情になることを妄想するファン「〇〇苏 (sū)」は「玛丽苏」が語源であろう。ただし、「〇〇苏」と呼ばれるファンは、自分を理想化することよりも「推しに夢中」という意味合いで使うことがほとんどで、日本語の「夢女子」に近いニュアンスを持つ。

047 脆皮鸭文学 [cuìpíyā wénxué]
ツイピーヤーウェンシュエ

分 名詞

意味

BL 小説

解説 「脆皮鸭」は、皮をパリパリに揚げたアヒルのこと。「文学」は日本語と同じ意味。この完全に意味不明な組み合わせは 2018 年に生まれた新しい表現であり、中華腐女子にしかわからない「BL 小説」を指す隠語である。

「脆皮鸭」のピンイン表記は「cuìpíyā」で、頭文字の「cpy」はアナルセックスの中国語のピンインと同じである。「小説」も文学の一ジャンルのため、「脆皮鸭文学」は「BL 小説」の婉曲的な表現として、中華腐女子の中で定着した。料理名が入っている言葉であるが、食べ物とはまったく関係がない。大変誤解されやすい言葉である。

例：腐女子同士の会話

昨天晚上熬夜看一篇**脆皮鸭文学**看了好几个钟头，都快一半了，小受还停留在 15 岁，别说啪啪啪了连拉个小手都没有
（昨日夜更かししてBL小説を読んだけど、半分すぎたところで受けはまだ15歳で、エッチするどころか手をつなぐことさえもない）

你这个鸭子可能不脆了 hhh
（なかなか展開が遅いね www）

我今晚再坚持看一下，
希望结束的时候能到合法年龄啪啪啪 hhh
（もう一晩がんばるわ。
最後には二人が成人してエッチするとこ見たい www）

65

4章　オタク的ネット用語

048

＋1 [jiāyī]
ジャイー

分 動詞　類 排（右）　派 ＋10086、+360、＋∞　台

意味

賛成

解説　掲示板などでほかのユーザーの発言を引用し、「賛成＋1
(zànchéng jiā yī)」とコメントする。「賛成に＋1票」という意味で、賛
意を示す。「＋1」と略して書くこともある。それに続く人は「＋2」「＋3」
というカウント式でコメントすることが多い。数字が大きければ大き
いほど賛成の程度を表すことができるので、通常のカウント以外にも、
「＋10086（中国通信キャリアー番号）」「＋360（中国のIT企業、奇虎360の略称）」
「＋∞（無限大）」などの表現がよく見られる。

　類義語として、「排（pái）」や「排右（páiyòu）」という表現がよく使
われる。「排」は列に並ぶという意味の「排队（páiduì）」の略で、前
に発言した人の後ろに並ぶイメージから「賛成」の意味となる。掲
示板がはやっていた時代には「排」のみが使われていたが、現在は
WeiboなどのSNSで他人の発言を引用する場合、引用先＝他人の発
言は通常自分のコメントより右側に表示されるので、引用した発言に
賛同する意味合いの「排右」という言葉が誕生した。最も右側の（一
番古い）発言は「最右（zuìyòu）」ともいう。

049

233 [èrsānsān]
エァーサンサン

分 動詞　類 hhhh、www　派 红红火火恍恍惚惚

意味

www

解説 中国の総合掲示板「猫扑（māopū）＝猫撲」で使われるスタンプ「大笑い」【01】の画像を選択する時に「233」という呼び出しコードが使われるため、「233」が「笑い」を意味するようになった。このスタンプの絵柄は2000年代の日本の顔文字に影響を受けたともいえる。「猫扑」は運営会社が何度も変更されたため、サイトも何度もリニューアルされたが、このスタンプは現在も使用されている。呼び出しコードは「233」ではなくなってしまったが、この呼び方が定着しているため、現在もオタク間では通用する。日本語の笑いを示すネットスラング「www」のように、気分次第で後ろを伸ばすこともできる。

また、笑い声「哈哈哈哈（hāhāhāhā）」のピンインの頭文字（hhhh）の並びも似たような意味である。パソコンかスマートフォンで中国語入力を使う際、「hhhh」を自動変換すると「红红火火＝（hónghónghuǒhuǒ）」や「恍恍惚惚（huǎnghuǎnghūhū）」となるため、いつのまにか「红红火火恍恍惚惚」の並びも大笑いの意味になった【02】。中国での傾向として「www」を使うのはオタクが多く、「233」や「hhhh」はオタクに限らず一般人も使う表現である。ちなみ

【01】現在「猫扑」で使用されているスタンプの一部。233のスタンプはまだあるが、呼び出しコードはすでに233ではなくなった。

拡大

拡大

【02】「hhh」「红红火火恍恍惚惚」「哈哈」のコメント例。「Back Street Girls」(ジャスミン・ギュ作)1話、やらかしたヤクザ三人に対して、組長が整形してアイドルをやれと提案した展開に笑いが起きている。

に、「hhhh」は必ずしも小文字でなくてもよいが、大文字で書くとHentai の「H」と混同されやすいので、使う際はきちんと意図が伝わるか注意したほうがよい。

050 **404** [sìlíngsì]
　　スーリンスー

[分] 形容詞、動詞　[類] 和谐、河蟹　[台]

[意味]
Web ページが規制あるいは削除されること

[解説]　「404」はインターネット上の「HTTP404」というページが見つからないエラーコードからきている。見たいページが政治・わいせつなどの原因で規制され、削除されたことを指す。

　類義語として、「和谐(héxié) ＝ 調和」とその発音の当て字である「河蟹(héxiè) ＝ 川のカニ」がある。中国政府は、「和谐社会(héxié shèhuì)＝調和のとれた社会」というスローガンを実現するために、インターネット上における中国政府に対する批判や不健全な内容を監視し、削除している。その結果、「削除された」という代わりに「和諧」が動詞化され、「和諧された」や「404 された」ともいうようになった。のちに、「和諧された」という言葉自体も「和諧」の対象となったため、当て字である「河蟹」が使われるようになった。

例：ネットユーザー同士の会話

苍老师的视频竟然 **404** 了，昨天刚收藏还没有看呢
（蒼井そら先生の動画が削除された。
昨日お気に入りに登録してまだ見てないのに…）

最近人大嘛，网上的这些**和谐**得比较勤…
（最近全人代期間中じゃん。規制も厳しくなるもんね…）

051　**555**　[wūwūwū]
　　　ウーウーウー

分 動詞　類 嗚嗚嗚　

意味

（泣）

解説　「呜呜呜（wūwūwū）＝ううう」という泣き声を、同音である数字の「5」に当てたもの。数字で入力したほうがピンイン方式より変換の手間を減らせるため、チャットなどのリアルタイム性が必要とされるコミュニケーションでよく使われている。「5」の数に決まりはないが、一、二桁だとやや意味不明のため、三桁以上が多い。気分で数を増やすことができる。インターネット流行の初期段階に誕生した言葉で、今でも使われているがやや古臭く感じる。今時のモテる女の子

は、同じ意味でありながらかわいくて甘い言葉の「嘤嘤嘤 (yīngyīngyīng)
＝しくしくしく」を使う傾向が見られる。

バーイーバー
052 **818** [bāyībā]

分 動詞　類 八卦

意味

kwsk

解説 「kwsk」は日本語のネットスラングで「詳しく」の意味。「818」
は「八一八卦 (bāyībāguà)」を数字で表現したものである。「八卦 (bāguà)」
は本来広州弁の言葉で、「うわさをする行為」および「ゴシップ好き
な人」を指す。一説に、広州の人は風水好きでどんな小さなことでも
占う（八卦）ので、細かいことまで聞いてくる人を「八卦」というよ
うになったという。

　中国語の文法的な解説になるが、「八一八」と"動詞"＋"一"＋"動
詞"の形にすることで、動作が短く、軽く行われることを表している。
ここでは動詞「八卦」の前後に「一 (yī)」を挟む形にすることで、堅
苦しくない、雑談をしやすい雰囲気を作っている。

　インターネット上でこの言葉を使う場合、元の意味よりも「詳しく
語る」を意味するケースが多く見られる。例えば、掲示板のスレッド
を立てるとき、タイトルは用例のように付けることができる。

例：掲示板スレッドのタイトル

　818 我那奇葩的室友
（【悲報】俺のルームメイト変人すぎてワロタ ww）

　818 国父孙中山在日本的日子
（国父孫文が日本滞在中の出来事について語るスレ）

053 dalao [dàlǎo]

分 名詞　類 老司机　派 女装dalao　台

意味
ある分野に詳しい人

解説　「dalao」は「大佬 (dàlǎo)」のピンイン表記。本来は広東省などの地域で使われている方言で、「アニキ」「ボス」のような意味を持つ。インターネット上では、ある分野に詳しい人や、目上の人、自分よりオタク歴が長い人を指すようになった。ちなみに、漢字ではなくピンイン表記で書く理由は、一部の掲示板で「大佬」がNGワードであり、スレッドがよく削除されてしまうことが原因である。

　類義語の「老司机 (lǎosījī) ＝経験豊富な運転手」もほぼ同じ意味合いで使われているが、特に成人向けの動画やコミック、画像などのコンテンツを多くストックしていることを強調している。インターネット上にアップされたAVのキャプチャを一目見て、すぐに女優の名前・ダウンロードリンクを提供してくれるような人は、典型的な「老司机」である。

例1：SNSへの投稿

胖达＠NERV
1月10日 12:00 来自 微博 weibo.com
看了七月新番的「骑士＆魔法」程序猿转生成女装dalao，蛮有意思的
(今期のアニメ「ナイツ＆マジック」、プログラマーが女装少年に転生するストーリー、結構面白い)

例2：SNSへの投稿とそのコメント

胖达初号机
1月10日 12:00 来自 微博 weibo.com
求助各位**老司机**截图里的女优是谁？出自哪部作品？
（わかったら教えてほしいんだけど、キャプチャーの女優さんって誰？作品のタイトルも教えてください）

胖达二号机：苍老师啊，这个是出道作品，下载链接私信你了
（蒼井先生のデビュー作だねー。ダウンロードのリンクはDMしたよ）

054 **LZ** [lóuzhǔ]
ロウヂュ

[分] 名詞　[類] Po主、原Po　[派] LS、LX

意味

スレ主

解説　「LZ」とは「楼主 (lóuzhǔ)」のピンインから二文字をとった略称で、電子掲示板でスレッドを立てたユーザーを指す。「楼」はスレッド、「主」は「投稿したユーザー」を意味する。

　「楼主」は「ビルのオーナー、管理人」の意味である。書き込みによってだんだん多くなるスレッドを、ビルを建てるようなイメージから「楼」と呼ぶ。最初に投稿したユーザーはビルのオーナーとなるわけである。この発想から、自分の書き込みより一個前のものは「LS＝楼上 (lóushàng)」、一個後の書き込みは「LX＝楼下 (lóuxià)」という。電子掲示板は昔ほど盛んではないが、「LZ」「LS」「LX」などの単語自体は残っており、現在では掲示板のみならず、コメントの順序を指す場合に広く使われている。「LZ」と同義の単語として、「Po主(Pozhǔ)」が新しい。投稿を意味する「Post」の一部と、投稿者を意味する「主」

が結合した言葉である。「原 Po（yuánPo）＝一番先の投稿者」も同じ意味を持ち、最初の投稿を引用する場合に使われる。

055 基友 [jīyǒu]

分 名詞　派 姬友、搅基、面基　台

意味

仲の良い同性の友人

解説　「基友」は、「基佬（jīlǎo）＝ゲイ」（別項目「0／1」［106］解説参照）の派生語だが、同性愛の関係という意味ではなく、仲の良い同性の友人を指すのが一般的である。キャラクターやリアルを問わず、友人関係に対して使える。

　女性同士の場合は、同じ発音の「姬友（jīyǒu）」を使う場合もある。「姬」は日本語の「お姫様」の影響を受けていると考えられる。また、男性同士がイチャイチャしていることを「搅基（jiǎojī）」という。「搅」は動詞で「混ぜる」という意味。インターネット上で知り合った同士がリアルで会う、いわゆるオフ会は「面基（miànjī）」という。実際の用例は以下。

例1：SNSへの投稿

新・胖达
1月10日 12:00 来自 微博 weibo.com
这周准备去二刷诚哥的新片，有没有**基友**一起去的?
（今週新海監督の新作2回目見に行くんだけど一緒に行く人いる？）

例2：SNSへの投稿

胖达减肥中
1月10日 12:00 来自 微博 weibo.com

> 最近相亲遇到的都是直男癌，真是好男人不是结婚就是去**搅基**了
> （最近お見合いで会った男、ろくな人が一人もいない。本当にいい男は既婚かホモだな）

例3：SNSへの投稿

量产机胖达
1月10日 12:00 来自 微博 weibo.com
出差来帝都，首页有没有小伙伴今明两天有时间**面基**的?
（出張で北京に来たけど、今日か明日オフ会できる人いる？）

056 **君** [jūn]（ジュン）

分 接尾　類 菌　派 主页君、计数君、(野生)字幕君

意味

くん（敬称）

解説　日本の日常やスクール系のアニメの中でよく出てくる敬称「くん」は、中国語の中で相当する言葉がないため、「くん」の漢字である「君」がそのまま使われるようになった。

　使い方は日本語とほぼ同じだが、中華オタク独自の使い方がふたつある。ひとつは、SNSで公式アカウントを運営する際の自称「主页君（zhǔyèjūn）＝中の人」である。もうひとつは、一定の特徴がある第三者への総称である。例えば、動画で同じような動作やせりふをカウントする人を中国語でいうと「计数君（jìshùjūn）＝カウント職人」（格ゲーのようにコンボヒット数をカウントし動画上に表示させることで動画を盛り上げ、視聴者を楽しませる人）となる。ほかにも、別項目で紹介した「字幕组」[009] に所属することなく動画に字幕を付ける行為をしている一般のユーザーを、「字幕组」と区別するために「字幕君（zìmùjūn）」や

「野生字幕君(yěshēngzìmùjūn)」(「野生」は日本語から。「野生の公式」「野生の本家」などの使い方があり、原作にそっくりな絵柄を持つ作品に対しての褒め言葉である。この「野生」は字幕組に所属しない「個人」を強調しているニュアンスがある)と呼んだりする。親しみを込めて相手を呼ぶ場合、「君」でなく同じ発音の「菌(jūn)」(「もやしもん」〈石川雅之作〉【03】の菌のかわいらしいイメージで)を使うことも多い。

【03】「もやしもん」13巻(講談社、2014年) 手前と左奥が菌をデフォルメしたキャラクター。

例1：アニメ情報誌公式アカウントの中の人の投稿

> 胖达
> 1月10日 12:00 来自 微博 weibo.com
>
> **主页君**终于从日本取材回来啦，这次给大家带来了很多福利，转发这条微博将会从中抽取1名送Switch！
> (中の人が日本で取材してきたよー。今回もフォロワーさんへのサービスが盛りだくさん。リツイートしたユーザーから1名に任天堂スイッチプレゼント！)

例2：動画への書き込み

> 这个OVA一直没有字幕组做，终于有野生**字幕君**了太感谢！！
> (このOVA、どの字幕組も字幕出してない。やっとコメントで翻訳してくれる人がいて超感謝！！)

057 **酱** [jiàng]

分 接尾　類 炭、亲　派 欧尼酱　台

意味

ちゃん（敬称）

解説　「酱」は日本語の「ちゃん」の発音を中国語に当てたもので、使い方は日本語と同様である。

76

派生語の「欧尼酱(ōuníjiàng)」は「お兄ちゃん」の発音を中国語に当てたものである。「酱」のほかに、「○○たん」を表す「炭(tàn)」や、「○○ちん」を表す「亲(qīn)」も使われている。

058 桑 [sāng]

分 接尾　**類** 样(sama)、殿(下)　**台**

意味

さん（敬称）

解説　「桑」は日本語の「さん」の発音を中国語に当てたもので、使い方は日本語と同様である。

　ほかの敬称である「様」や「殿」も中華オタク、特に女性オタクの中で比較的多く使用されている。「様」の表記は簡体字の「样(yàng)」や、発音のローマ字「sama」が多い。ひと昔前、自分に「sama」を付けて呼ぶオタクがいたが、インターネットの普及によって第三者に対して使う言葉であることが知られ、今ではこの使い方はほとんどなくなってしまった。「殿(diàn)」は中国語でも同じ漢字があるため、そのまま使用されている。また同じ意味の中国語「殿下(diànxià)」も見たことがある。

例：SNSへの投稿

万事屋的胖达
1月10日 12:00 来自 微博 weibo.com
最近重新复习了幽白，绪方 sama 好苏感觉要被掰弯 TUT
（最近「幽遊白書」を復習した。緒方様が本当にかっこよすぎて惚れそう（涙））

059 卢瑟 [lúsè]

［分］名詞　［類］撸瑟

意味
負け組

解説　「卢瑟」とは英語の「Loser」の発音を中国語に当てたもの。日本語の「負け組」や「負け犬」と同じ意味である。
　類義語の「撸瑟（lūsè）」は同じ発音だが、中の一文字を「シコる」という意味の「撸」に置き換えることで、「非モテで彼女ができない哀れな男オタクたち」という意味になる。

060 吃土 [chītǔ]

［分］動詞、形容詞　［類］喝风　［台］

意味
お金を使いすぎて余裕がなくなった様子

解説　お金を使いすぎて余裕がなくなり、もはやご飯もろくに食べられない状態を「吃土」という。形容詞、動詞として使用可能である。よく一緒に使われる単語として「喝风（hēfēng）」がある。「喝风」は以下の用例のように「吃土」と接続してひとつの単語として使うことが多く、直訳すると「お金がなく食べ物は土で、飲み物は風」となる。

例：SNS への投稿

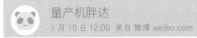

> 前几天的漫展，一直在买买买这个月生活费都没了，接下来的两周只能**吃土喝风**了…
> （先日のイベントで買い物ばっかりして今月の生活費がほとんどなくなった。これからの2週間節約するしかない…）

061 傻白甜 [shǎbáitián]
シャバイティェン

[分] 形容詞　[白] 使用範囲は広くない

意味

スイーツ（笑）、天然、天真爛漫

解説　「傻白甜」は複数の単語が結合した新語である。「傻」は「傻瓜（shǎguā）＝愚か者」の略、「白」は「白痴（báichī）＝バカ」、「甜」は英語の「Sweet」か日本語の「甘い」からきていると考えられるが不明である。日本語の「スイーツ（笑）」のニュアンスに極めて似ている。単純でおバカ、少しだけ痛い女子を指すことが多い。

　中国では例外的な使い方もある。例えば、推しをひいきするときにこの言葉を使うと、愛情をこめての「天然」「天真爛漫」というニュアンスになる。そのため、文脈を見て判断する必要がある。ふたつの用例から使い方の違いを比較してみよう。

例1：オタク同士の会話

> 这部剧虽然情节不错，但是对女主是在喜欢不起来
> （このドラマのストーリーはまあいいけど、
> どうしてもヒロインが好きになれない）

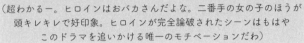
不能太懂，女主就是个**傻白甜**，智商完全被女二碾压。
我追这剧的唯一动力就是看女二怼女主
（超わかるー。ヒロインはおバカさんだよな。二番手の女の子のほうが
頭キレキレで好印象。ヒロインが完全論破されたシーンはもはや
このドラマを追いかける唯一のモチベーションだわ）

例2：アイドルオタクの投稿

胖达@香香推
1月10日 12:00 来自 微博 weibo.com
看我家宝宝因为最近的网综被喷我也是很无奈，粉他这么多
年我觉得他是真的**傻白甜**…要不然我早都脱粉了
（推しが最近ネット配信のバラエティー番組でめちゃ叩かれたけど、古参
のファンからいわせるとあの子は本当に天然で、それが素じゃなければも
うとっくにファンをやめちゃってたよ…）

　ご存じの通り、日本語の「甘い」は味覚を指す以外に、厳しさに欠
けるという意味もある。この意味を取った、悪役キャラが言いがちな
「甘い、甘すぎる」というせりふは、中華オタクの中でも広く認識さ
れている。この場合、「太天真了 (tài tiānzhēn le)」と訳されることが多
い。もう少し遊び心がある言い回し方として、味覚のほうの意味をそ
のまま用いて「太甜了 (tài tián le)」ともいう。以下は、こちらを日常
会話で使用した例である。

例3：アイドルオタクのSNSへの投稿

胖达@香香推
1月10日 12:00 来自 微博 weibo.com
我以为这次公演的场地大，票源应该不是那么紧张，事实证
明我真是**太甜了**，开售5分钟就没票了…桑心…
（今回の公演場所は今までより大きくてチケットは比較的余裕があると
思ったのに、5分ですべて売り切れ…自分は甘すぎたな…つらい…）

　余談だが、中国ネット民にはおなじみの元主席江沢民の名ぜり

ふ「too young, too simple, sometimes naive」の公式の翻訳は
「太年轻，太天真，有时很幼稚 (Tài niánqīng, tài tiānzhēn, yǒushí hěn yòuzhì) ＝若すぎる、単純すぎて時々世間知らず」になるが、ネット民はこれを「太甜了」と同じ意味で使用している。このせりふは、香港のメディアにしつこく質問されてブチ切れた江沢民が、中国語と英語を混在させながら記者に対して説教した言葉である。あまりにも汎用性が高いためネタ化され、大喜利動画がたくさん出回っている。

062 **自干五** ズーガンウー [zìgānwǔ]

分 名詞 台

意味

戦闘食を持参して戦うネット工作員

解説

　「自干五」は「自带干粮的五毛 (zìdài gānliáng de wǔmáo) ＝戦闘食を持参して戦うネット工作員」の略である。

　中国のインターネット上で掲示板サイトが台頭してきた2000年代初期、掲示板を利用したプロパガンダの手法がはじめて確立された。当時、中国政府の宣伝部門に所属していた職員は、政府に指示された発言を掲示板に書き込むことで、一件につき5毛（約10円）の報酬を受け取っていたことが暴露されている。以来、インターネット上の工作員を「五毛党 (wǔmáodǎng)」、略して「五毛」と呼ぶようになった。

　「五毛党」という言葉が誕生したばかりの頃は、洗脳・世論操作などマイナスのイメージが強く、全ネット民の批判対象であった。しかし2010年以後、中国は世界第二位の経済大国となり、国際的な影響力および存在感が拡大したことに伴い、自国に対しての誇りを持ち、政府や共産党を擁護するネット民も増えてきた。政府や組織から報酬

を受け取ってはいないものの、やっていることは「五毛党」と極めて似ている行為が見られるようになった。例えば、社会批判をしているインフルエンサーや学者たちに対して、国外の勢力と関与していると発言したり、ネット規制による言論統制にも理解を示している。

彼らは自分自身の行いを、戦争中に軍隊に所属せず、金銭的見返りを求めず、戦闘食を持参して国のために戦った義勇兵と同じようだと認識している。それゆえに、自ら「自帯干糧的五毛」と称し、そのうち「自干五」と略すようになった。

実際のところ、「自干五」がやっていることは、日本のネトウヨ・ネトサヨがインターネット上で取っている行動に極めて近い。彼らは組織に所属せず、共産党党員ですらないかもしれない。どちらかというと政治プロパガンダに踊らされた普通の人々である。中国や共産圏での「右翼」「左翼」はお国柄で、日本とは真逆で、国家主義の考え方を持つほうが「左翼」、民主・人権・個人の自由を重視するほうが「右翼」である。中国のインターネット上の「自干五」は、右派か左派かの定論がない。そのため、本書では便宜上「自干五」を「自発的なネット工作員」とした。

今までマイナスイメージが強かった「五毛党」は、「自干五」の出現によりプラスのイメージに少しずつ傾いている。中国の機関紙は「自干五」こそ真の中国ネット民であると評価し、全ネット民が「自干五」になるべきだと呼びかけている。

063
自来水 [zìláishuǐ]

分 名詞

意味

熱狂的なファン

解説 「自来水」は「水道水」のことであるが、インターネット上では水道水という意味ではほとんど使われず、熱狂的なファン、信者を指すことが多い。「自来水」は「自发而来的水军(zìfàérlái de shuǐjūn)」を略した言葉である。この「自来」は、「自ら来た、自発的」の意味。「水」は「水军(shuǐjūn)＝水軍」の略。

ひと昔前、掲示板で無意味な発言をすることや、むやみにチャットに書き込むことを「灌水(guànshuǐ)＝水を注ぐ、灌漑」といった。また、組織や個人に雇われ、お金などの見返りをもらいながら何らかの宣伝・中傷目的で、掲示板上で頻繁に発言するユーザーがまるで傭兵のようなことから「水军」という表現になった。日本語の「サクラ」「やらせ」などに近いと考える。しかし、「自来水」の行為は前出の項目「自干五」[062]と同じく自発的であり、見返りは求めていない。彼らが活動する原動力は作品・推しなどに対しての「愛」である。

「自来水」という言葉が広く知れ渡ったきっかけは、2015年8月に上映された中国産3Dアニメ「西遊記　ヒーロー・イズ・バック」【04】である。孫悟空が天界で大暴れして五行山の下敷きにされてから400年後、まだ三蔵法師と出会う前の物語である。本映画は構想から制作まで約8年間かかった大作で、途中、資金不足やスタッフの離脱など、さまざまな困難を乗り越えて、やっと上映することができた。しかし、公開された8月は夏休みシーズンで、同時期に有名芸能人が出演した映画が複数あり、アニメの上に宣伝費が少なかった本映画は、そもそも上映館／スクリーンが非常に少なかった。

そんな中、大きな力を発揮したのが「自来水」であった。彼らは何度も映画館に足を運び、鑑賞後にはSNSや映画評論サイトに高い評価の口コミを書き込んだり、イラスト・MADなどの二次創作をアップして作品を応

【04】「西遊記　ヒーロー・イズ・バック」DVD（バップ、2018年）

4章　オタク的ネット用語

援したりした。その結果、上映館／スクリーンが増え、最終的な興行収入は 9.56 億元（約 156 億円）に達した。監督である田暁鵬は公式コメントの中で、「自来水」の働きに対し大いに感謝した。以来、「自来水」は行動力がある情熱なファンに対しての別称となった。

064 外貌协会 [wàimàoxiéhuì]
ウィマオシェフゥイ

分 名詞　類 颜狗　台

意味

面食い、顔ファン

解説　「外貌（ウィマオ）」は外見、顔面偏差値のこと。「协会（シェフゥイ）」は、日本語の「協会」に由来し、意味も同じである。このふたつの言葉が結合して、外見・顔を重視する人々を意味する。つまり日本語の「面食い」である。

　今の若者は、さらに新しい言葉を使う傾向がある。それが類義語「颜狗 (yángǒu)（イェンゴウ）」である。「颜」は日本語の「顔」「顔面偏差値」から、「狗」は別項目「瞎了狗眼（シァラゴウイェン）」[138] で解説した、自虐ネタでよく使用される第一人称の言葉。「外貌协会」は恋愛関係、男女の付き合いに対してよく使われる表現なのに対して、「颜狗」には自虐的なニュアンスがあるため、身の回りのことではなく、距離が遠い異性、例えばアイドルや推しに対して使うことが多い。日本語でいう「顔ファン」の意味に近い。

例：アイドルオタクの SNS への投稿

量产机胖达
1月10日 12:00 来自 微博 weibo.com

看了新版的流星花园，觉得对于**颜狗**来说剧情尴尬编剧硬伤都不重要！！！追剧的唯一动力就是颜值！颜值！只要有颜值我就能看下去！

（最新版「花より男子」を見た。面食いだから展開が不自然でも全然気にしない！！追いかける唯一のモチベーションは顔面偏差値！！かっこよければ最終話までいける！！）

065 注孤生 [zhùgūshēng]
ヂューグーシォン

意味

ぼっち

解説 「注孤生」は「注定孤独一生 (zhùdìng gūdú yīshēng)＝生涯ひとりぼっち決定」の略である。これは、英語掲示板 4chan 発祥のネットスラング「Forever alone」が中国語化したものである【05】。

　中国のオタク文化は日本からの輸入品であり、必然的に日本社会におけるオタクへの固定観念、すなわち、オタクはモテない、デブ、二次元／三次元の区別がつかない、などの偏見も同時に輸入された。これらの偏見は結果的に一部オタクたちの自分自身への認識と化した。その副産物のひとつが「注孤生」である。

　中華オタク的な使い方は、元祖英語圏の「Forever alone」と同様である。オタクであるがゆえに異性が苦手で、現実の異性と関係を進展させるチャンスがあっても、あえて二次元のキャラクターを選んでしまい、ぼっちを脱出できるチャンスを逃したことへの自嘲、そのよ

【05】左側が英語掲示板 4chan 発祥の「for ever alone」のミーム。右の 2 点は中国語化したもの。

うな複雑な心境を表したいときに「注孤生」という表現は一番しっくりくる言葉であろう。

例1：SNSへの投稿

胖达暴走中
1月10日 12:00 来自 微博 weibo.com

今天亲友说她要订婚了，瞬间思绪万千，一方面为她开心，一方面……我居然仍是一条单身狗，果然只萌二次元的我**注孤生**…
（今日親友が婚約したけど、何か複雑な気分になる。嬉しい反面自分がまだ独身という悲しみが湧いて来る。やっぱり二次元好きな自分は生涯ぼっちだ…）

例2：SNSへの投稿

胖达二号机
1月10日 12:00 来自 微博 weibo.com

鼓起勇气要了前几天漫展上 coser 小姐姐的微信，但是一开始聊天就不知道怎么聊了，唉，**注孤生**
（ワイ、勇気を出してイベントで会ったレイヤーの女の子の WeChat を聞いたものの、話すの苦手すぎるから会話が続かない。ああ、もう生涯独身確定しとる）

066 光腚肿菊 [guāngdìngzhǒngjú]
グゥアンディンヂョンジュ

分 名詞

意味

国家新聞出版広電総局

解説 「光腚肿菊」は、中国の「国家新聞出版広電総局」を罵倒する言葉である。「国家新聞出版広電総局」の略称は「広電総局」。「広電総局＝广电总局（guǎngdiànzǒngjú）」は中国全土の「新聞・出版社・テ

レビ（電視）・ラジオ（広播）」を管轄する国家機関である。アニメのみならず、海外ドラマや映画などに対しても厳しいため、オタク層だけではなく、一般層からも批判されている。その「広電総局」の発音に最大の悪意を込めて「光腚肿菊」と当て字をした。文字だけの意味だと「お尻丸出し、アナルの穴（「菊」はその隠語）が腫れた」という、ちょっと汚い言葉である。

067 焚化部 [fénhuàbù]
フェンファブー

分 名詞

意味

中華人民共和国文化部

解説 「焚化部」は、「中華人民共和国文化部」（文化事業を管轄する部門。日本の文化庁と同じ役割を果たす）を揶揄する言葉である。言葉の由来は現在調べられないが、「文化（wénhuà）」を似た発音である「焚化（fénhuà）＝焼却」に置き換えていることから、国の方針や、青少年の成長を妨げるようなコンテンツを全部禁止するというやり方に対しての不満が読み取れる。ちなみに、アニメ・マンガ・ドラマ・映画などの検閲は、前述の「広電総局」が行うが、ネットゲーム・ゲーム機用のゲームの検閲は「文化部」が主体となる。そのため、インターネット上で「文化部」を罵倒するのは、ほとんどがゲーマーである。

068 软妹币 [ruǎnmèibì]
ルァンメイビー

分 名詞 台 「软妹币」ではなく「RM弊」を使用

意味

人民元

解説 「软妹币」とは「人民元」のことである。人民元の略号、ピンインの略とも「RMB」であり、「RM」はスマートフォンなどの入力法の予測変換で「软妹 (ruǎnmèi) ＝ゆるふわの女の子」になって面白いため、そのまま定着したと考えられる【06】。また、検閲の関係上「人民」などの政治色が強い単語は投稿できない場合があるため、「RMB」や「软妹币」が代替の言葉として定着したとも考えられる。

【06】筆者の携帯で「RM」を入力した予測変換の画面。使用した入力アプリは「訊飛入力法(シュンフェイルーリーファ)」。入力アプリによって予測変換の結果や順番は異なる場合がある。

実は「软妹」は、日本のアニメ・ゲーム・マンガ由来の言葉ともいえる。日本の作品に登場する女性キャラクターの多くは清純で優しい性格の持ち主で、彼女たちのふんわりした雰囲気を表現する「软(ルアン)」と、女性を意味する「妹(メイ)」が組み合わされて誕生した。この「妹」は実際の妹のことではなく、自分より年下の女性に対する少し親しい呼び名である。

069 肥宅快乐水 [féizhái kuàiyàoshuǐ]
フェイヂャイクァイラシュイ

分 名詞

意味

コカコーラ

解説 「肥宅快乐水」はコカコーラの隠語である。「肥宅(フェイヂャイ)」はデブオタク、

「快乐水（クァイラシュイ）」は「○○を楽しめる水＝ドリンク」を意味する。この言葉は、2018年に誕生した比較的新しいオタク用語である。最初は一部の男性オタクにしか使われていない自虐的な言い方であったが、SNS上で拡散され、今では広く知れ渡っている。

　この言葉から、「肥宅快乐○○」の派生語がたくさん現れた。例えば、「肥宅快乐兽（フェイヂャイクァイラショウ）(féizhái kuàilèshòu)」は、デブオタクがハッピーになる獣、つまり「猫」のこと。「肥宅快乐鸡（フェイヂャイクァイラジー）(féizhái kuàilèjī)」は、デブオタクがハッピーになるチキン、つまり「ケンタッキー」のこと。「肥宅快乐胶（フェイヂャイクァイラジャオ）(féizhái kuàilèjiāo)」は、デブオタクがハッピーになれるプラスチック、つまり「フィギュア」のことである。

070 **表情包（ビャオチンバオ）** [biǎoqíngbāo]

分 名詞 台

意味

インターネットミーム

解説　「表情包」は、LINEで使われているスタンプのイメージであるが、ただのスタンプだけではなく、拡散力・中毒性のあるスタンプもあり、英語の「インターネットミーム」の概念に近いと思われる【07】。

　「表情包」という言い方は、中国の「Tencent」が開発したチャットツール「QQ」からである。「QQ」がリリースされたのは1999年。現在はやりのSNSがまだ世に出ていない時代、「QQ」では公式の絵文字以外に、ユーザーの自作画像やインターネット上の面白い画像をスタンプ代わりに送れる機能をサポートしていた。また、これらの画像を圧縮してアップロード・ダウンロードすることもできる。これらのスタンプ・画像は「表情（ビャオチン）」と呼ばれ、シリーズ画像の集合体を「表情包」という。この「包（バオ）」は「圧縮されたパック」の意味である。

【07】Googleで「表情包」を検索した結果。これらはメジャーな「表情包」といえるであろう。犬のアイコンは「Doge」と呼ばれ、世界中で大人気のミーム。白黒のパンダはほぼ大陸側でのみ使われている。誇張した表情と煽りスキルの高いせりふが特徴。

　「QQ」のユーザーは2009年に10億近くに到達し、中国国内最大級のチャットツールになった。しかし、同社のチャットツール「WeChat」がリリースされてからは、便利なスマホ決済の機能がユーザーの囲い込みに成功し、大変な勢いで利用ユーザーが増加した。しかしながら、「QQ」は今日でもバリバリの現役アプリであり、「表情包」の使い方、言い方は継承されている。「QQ」と「WeChat」以外の中華SNSも、そのほとんどが画像付きリプライ機能をサポートしているので、「表情包」の使用にさらに火を付けた。

　2016年、人気女性アイドルグループTWICEの台湾人メンバー周子瑜（チョウ・ツウィ）が、出演番組の中で中華民国の国旗を手にしたことが中国大陸で炎上した。怒った中国ネット民はアクセス規制の壁を越えてFacebookやTwitterで台湾政府、政治家、メディアに対して抗議した。それまで中国の炎上のパターンは、短時間でたくさんのスローガンが書き込まれることが特徴だったが、このときは文字ではなく、画像付きのリプライが多いことが特徴だった【08】。メディアはこの事件を報道するとき、「表情包大戦（biǎoqíngbāo dàzhàn）」という表現を使った。

【08】左側が炎上後に周子瑜が公開した謝罪動画。中央は中国大陸出身の有名俳優林更新。林更新は自分のWeiboアカウントで動画を引用し、「せりふの暗記はまだできていなかったようだ」と皮肉を述べた。台湾の芸能ニュースがこれを報道したところ、中国大陸ユーザーの大量のコメントが殺到した。右側に画像付きのコメントが大量に投稿されている。

071 怼 [duì]
<small>ドゥイ</small>

分 動詞 台

意味

叩く、叩かれる

解説 「怼」は2017年の後半からはやりはじめたネット用語で、叩いたり叩かれたりするシーンで使う。方言が由来しているといわれているが、どの方言かについては諸説ある。

例：ファンのSNSへの投稿

 路人胖达
1月10日 12:00 来自 微博 weibo.com

竟然编料黑我家爱豆?！胆儿挺肥啊！看我怎么往死里怼你！
（デタラメなうわさ話でうちの推しを叩くとはいい度胸だな！死ぬまであんたを叩き潰すぞ！）

コラム❶

中華オタク的！ インターネット史
──10年前から現在までのネットサービスを振り返る

　中国の小さな町で生まれ育った筆者にとって、インターネットは日本のアニメやマンガなどのコンテンツにアクセスできる、ほぼ唯一の手段であった。原作を手にいれる書店、グッズを手にいれるオフィシャルショップ、同人誌を手にいれる即売会、これらオタクが楽しめるリアルな「インフラ」がないため、どうしてもインターネットを通して情報を得なければならない。近年は、上海にアニメイトが出店したり、地方でもオタク向けの大型イベントが開催できるようになったり、リアルな「インフラ」がようやく整備されつつあり感慨深い。

　8割以上の人がSNSを利用している[1]現在では、インターネットはまだまだ重要な情報源のひとつであると同時に、情報の密度・精度とも圧倒的であるといえる。このコラムでは、筆者の「オタ活」の実体験をベースに、中華オタクを取り巻くインターネット環境の変化を概説的に紹介していきたい。実体験をベースにしているため主観的な記述が多いが、本編の中で書かれた年代と照らし合わせながら読んでいただきたい。

1 ★掲示板の黄金期─2009年以前から

　中国は1987年に初めてWWWに接続したが、回線利用料金が高かったため利用者は限られていた。ブロードバンドの利用料金が下がりユーザーが本格的に拡大したのは2000年前後である[2]。そこから2009年までは、掲示板・ブログの黄金期であった。インターネット上における議論が非常に発達し、GoogleやTwitter、日本の一部サービスへの接続は不安定ではあったが利用できていた[3]。まずは2009年以前の状況から振り返っていこう。

1-1. 掲示板の分類―総合掲示板・個別掲示板

　筆者が本格的にインターネットを利用し始めたのは 2005 年前後のことで、ちょうど掲示板・ブログが最もはやっていた時期であった。当時の掲示板は、大まかに分類すると二種類ある【表参照】。

　ひとつは 2 ちゃんねる（現 5 ちゃんねる）のような「総合掲示板」。参加人数が多くテーマ別に板が分かれているのが特徴的である。例えば、「天涯论坛（tiānyá lùntán）＝天涯論壇」はあらかじめテーマ別（生活・政治・芸能ニュースなど）の板が用意されており、そのテーマのトップページでスレッドを立てディスカッションを行うが、「百度贴吧（bǎidù tiēba）＝百度貼吧」はユーザーがキーワード別に、自分が管理者のスレッドを持つことができる仕様だったので、不特定多数の大人数が利用する板と、ある程度人数が絞れる個人やグループ用の板が作れることが特徴であった。

　こうした総合掲示板と違い、アニメ・マンガ・二次創作・BL など趣味に特化した「個別掲示板」があった。個人運営が多く、オタク向けに特化した機能を備えていた。例えば、ダウンロードページ、オンラインアニメ・マンガの閲覧、お絵描きなど、オタクに需要がある基本的なサービスが網羅されていたのだ。代表的なものとして「贪婪大陆（tānlán dàlù）＝貪婪大陸」「动漫花园（dòngmàn huāyuán）＝動漫花園」「极影动漫（jíyǐng dòngmàn）＝極影動漫」などがあげられるが、いずれも商業化に失敗したり、版権問題で閉鎖されたりした。現在では SNSにユーザーを奪われ、現役のオタク向け掲示板は片手で数えられるぐらいにまで減った。

1-2. 掲示板の役割―二次創作のプラットフォーム／「字幕組」「汉化組」

　当時の掲示板は情報収集以外に、二次創作のプラットホームとしての役割も担っていたと考えている。日本の pixiv にあたるようなサービスが長い間なかったため、これらは個人ブログや掲示板に投稿されていた。誰でも気軽に投稿できる SNS サービスと違い、オタクが利用する掲示

中華オタクが利用するインターネットサービスの変遷

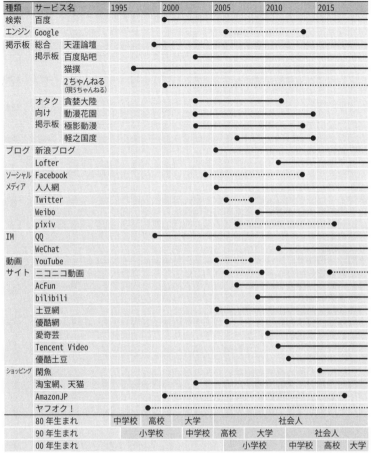

——国内サービス ……国外サービス ● サービスの開始または中止（中国からアクセスできないことも含む）
表からわかるように、検閲の関係上、直接利用できる国外サービスは減る一方、中国国内の代替サービスの数・種類が年々増える傾向がある。ゆえに、80年生まれ、90年生まれ、00年生まれの中華オタクがインターネットを利用しはじめる頃のインターネット環境はまったく異なることがわかる。環境が違うため、中華オタク同士でも認識の相違が生じてくる。

板のひとつの特徴は「レベルアップ制度」にあった。掲示板を立ち上げるメンバーは管理者で、一般ユーザは利用歴が長い・貢献が大きいほど他の一般ユーザーとは違う特権が付与され、管理者まで昇格するとスレ

ッドを削除・一般ユーザーのアカウントを停止できるほどの権限を持つことができる。一般ユーザーはゲーム感覚で掲示板内でのレベルアップができ、アクティブ度・投稿の貢献度によりバーチャルの貨幣、ポイント数（ゲーム系は HP など生命値）を稼ぐことができた。それを利用してコンテンツを購入することもできたのである。一般ユーザーが掲示板内で特権付きの管理者になりたければ、質の高い投稿をして有名になることがひとつの近道であった。しかし、二次創作は誰もができるものではないため、他人の作品（日本からの二次創作物も含む）が無断転載・転記された。転載文化は、この時代の産物ではないかと考えている。

　本書でも取り上げた「字幕組」[009]、「汉化组」[008] は、掲示板の黄金期には最も影響力を持つ存在であった。掲示板は他のネットサービスと比べて多くのアクティブユーザーを所有しており、画像・リンクの貼り付けも簡単で、不特定多数のユーザーに対してコンテンツを発信するのに最適であった。一方、掲示板側も字幕組、漢化組が提供するコンテンツによってユーザーの増大が果たせたのである。当時は掲示板の名前がそのまま字幕組・漢化組の名前になってしまうことがほとんどで、字幕組・漢化組と掲示板は共存関係だったといってよいであろう。

1-3. コミュニケーションはインスタントメッセンジャー（IM）へ

　掲示板やブログでのやり取りで仲良くなった人同士が、チャットの連絡先を交換することはよくあることである。多くの掲示板は大量の投稿によるサーバーへの負荷を考慮し、あるいは内容の質を保つため、投稿可能な時間の間隔が決められていた。さらに不特定多数にとっては無意味な、個人的な投稿を控えようとの呼びかけもされ、プライベートな話題や気軽な意見交換はチャットツールで行われることが多かった。ここで使われたチャットツールは「Tencent」が開発した「QQ」というインスタントメッセンジャー（IM）である、日本では同社の「WeChat」が決済、ビジネスシーンで注目され、よく話題に取り上げられているが、「QQ」は今も若者に大人気のチャットツールである。

現在20代・30代の中華オタクでも、学生時代は「QQ」のヘビーユーザーであった可能性が高い。しかし、大学・会社に入ったことをきっかけに、「WeChat」をメインに使うようにシフトする。その要因は、「WeChat」は親世代、自分の上司世代など、最新のガジェット・サービスに疎い「大人」が使うツールであり、それに合わせて公私ともに「WeChat」の利用率が高くなるからである。一方、「QQ」は多彩な機能を備えている。知らない人と出会えたり、趣味を通して人と繋がる仕組みが豊富にある。

簡単に説明すると、「QQ」は「WeChat」「Weibo」など多数のSNSが統合された匿名性の高いIMツールといえ、「WeChat」は個人に紐づいたリアルな関係性が高く、日本でのLINEに類似したツールであるといえる。

2 ★ 動画視聴サービスの発足

2005年には、中国最大級の動画サイト「土豆网（tǔdòu wǎng）＝土豆網」と「优酷网（yōukù wǎng）＝優酷網」がスタートした。その2年後の2007年、ニコニコ動画と同様に動画上にコメントを流す事が出来る動画サイト「AcFun」が誕生する。中国では「AcFun」を通して本家のニコニコ動画を知った人は少なくないと思う。筆者もその一人で、比較的リアルタイムでボーカロイドなどニコニコ動画の代表コンテンツを知った。

動画サイトは徐々に人気が出てきたが、アニメの視聴についてはまだダウンロードが主流であった。それは、インターネット回線が遅く、動画サイトの画質がダウンロードほどよくなかったことが主な原因であろう。そのほか、動画サイト自体の機能の不成熟も要因として考えられる。

例えば、「AcFun」も「bilibili」も、初期は「新浪（Sina）」など大手サイトにホストされていたため、サイトの仕様により6分・12分ごとに動画をリロードする必要があることが多く、場合によっては6分超の動画は再生できないバグ、通称「6分の呪い＝6分钟的诅咒（liù

fēnzhōng de zǔzhòu）」が存在した。また、スムーズに再生されること
を重視するため、投稿動画の解像度を 360p 以下まで圧縮するのが一般
的で、モザイクのような部分が多くなってしまい見づらいため、当時、
動画サイトの画質をバカにする「AV 画質＝av 画質（av huàzhì）」とい
う言葉も存在していた。通常 20 分以上あるアニメを低品質で視聴する
のは、少し難があった。

　当時、動画のダウンロードに利用されるツールは P2P 型ファイル共
有ソフトが多く、ソフトウエアそれぞれに違う特性があったため、中華
オタクのパソコンには、少なくとも三つ以上のファイル共有ソフトが入
っていたと思う。

　マンガを閲覧したい場合、動画と同じくダウンロードすることもでき
るが、動画ほどファイルサイズが大きくないため、掲示板やマンガ閲覧
サイトなど、オンライン上で見ることが一般的であった。これらのサイ
トのコンテンツが海賊版、違法アップロードであろうことについて、オ
タクたちには暗黙的な了解があった。しかし、正規版を視聴するルート
がほとんどない以上、これらのサイトに依存するほかなかったのである。
動画サイトで正規放送が開始される以前、テレビで見られる正規放送
の日本のアニメは「ドラえもん」「ちびまる子ちゃん」など、子供向け、
かつ十何年も前のアニメばかりであった *4。

　このような状況が改善されたのは、2014 年以後、大手動画サイトが
次々と動画の放送権を購入するようになってからである。同時に、スマ
ートフォンの利用者が増え、各サイトは UI・機能を向上しつつ、確実
にユーザーを伸ばすことになった。当初ニコニコ動画のパクリとされて
いた「bilibili」は、日本のオタクにも最もよく認知されたサイトである。
総合動画サイトの「Tencent Video」「爱奇艺（àiqíyì）＝愛奇芸」「土豆网」
は、いずれもアニメ専門チャンネルを開設して版権購入に注力し、中国
国内では「bilibili」のよきライバルである。特に「Tencent Video」の場合、
ウェブ上に連載しているオリジナルマンガの改編権を獲得し、自社でア
ニメ化している *5。日本の版権ものだけに頼らない、自社の IP（知識財産）

戦略が見えてくる。

3 ★ 中国独自の SNS の誕生と検閲― 2009 年以後

2009 年以後、いくつかの社会事件の影響でインターネット上の検閲がさらに厳しくなっていった。Google や Facebook、Twitter など、中国当局の検閲ができないサービスはほとんどアクセスできなくなった。その代替サービスとして、中国の Google「百度（baidù）」、中国のFacebook「人人网（rénrén wǎng）＝人人網」、中国の Twitter「Weibo」が着々と利用ユーザー数を伸ばしていった。この状況は 2019 年現在も変わらない。一昔前はフリー配布の VPN サービス *6 で検閲を回避する、いわゆる「翻墙（fānqiáng）＝壁越え」ができたが、今は有料のものでも不安定になったりする。検閲の基準も厳しくなり、政治関連のもののみではなく、二次創作でよく利用されていた日本のネットサービスである pixiv も、2017 年には大陸からアクセスできなくなった。

3-1. 検閲制度がある中、オタク情報を収集する方法とは？

中国のインターネット検閲は範囲が広く、基準が曖昧で、今日は使えたネットサービスや言葉が、明日には検閲対象になっているということは珍しくない。そんな大陸ユーザーが検閲対象のサイトからどうやって情報を得るのか、気になる方も多いだろう。ひとつの方法は、前述したVPN の利用である。ただし、この接続方法は金銭的なコストがかかる上、使い方によっては違法行為として捉えられてしまいリスクが高い。

もうひとつの方法は、転載・ウォッチャー系のアカウントをフォローすることである。政治に関係のない娯楽性の高いコンテンツであればほとんど検閲はされておらず、Twitter や YouTube からの転載が可能である。さらに字幕付きにすると本家より人気が出ることもある。ただし、この場合は転載者自身の解釈による二次加工・自己検閲されている可能性が高く、情報が断面的になるため、信頼性は低くなる恐れがある。

【表】からもわかるように、利用できる国内ネットサービスは圧倒的

に増え、サービスの種類の細分化も進んでいる。中華オタク的視点から見ると、以下 3-2、3-3 が現在の中国ネットサービスの特筆すべき点だと考えている。

3-2.「Weibo」利用の拡大、ポスト掲示板としての役割を果たす

　「Weibo」は「新浪」社が 2009 年から運営しているミニブログサービスである。当時複数のミニブログサービスが存在していた中、使い勝手のよさとインフルエンサーアカウントの多さで人気を得て、2012 年以降ユーザーが急増し、2018 年最新のデータによると 3.37 億のユーザーを所有する。そのなかの 1 割（3000 万人）は、アニメ・マンガ・ゲーム（日本のコンテンツに限らず）などサブカルチャーに興味のあるガチオタクだといわれる [7]。

　日本のメディアが「Weibo」を取り上げる際、「中国語版 Twitter」と紹介するのが一般的であり、本書でもイメージしやすいようにそう説明した。しかし Twitter と同じ感覚で「Weibo」を利用すると、少し困惑するだろう。大きな差異はコメント（リプライ）の仕様である。「Weibo」が採用しているのは Facebook や Yahoo! ニュースと似たようなコメント形式で、ひとつの投稿に対して誰でもコメント可能であり、そのコメントに対してのコメントも可能である。最前面に表示されるコメントは最新のものではなく「いいね！」数の多いもので、古いコメントは折りたたまれて見えなくなる。会話している双方のアカウントをフォローしていたとしても、両者間のコメントでのやり取りは自分のタイムライン上には表示されず、該当投稿のコメント一覧を手動で開くことではじめて内容が見られる。コミュニケーションすべてを「見える化」しているTwitter よりも「水面下」になりやすく、工夫しなくても趣味や共通の関心に基づき、限定的かつ親密性の高いコミュニケーションが可能になっている。リツイートを通して情報収集し、それにコメントをすることで交流を深めていくというふたつのニーズが同時に満たされる。一昔前の掲示板の役割が完全に引き継がれているといえよう。

加えて、「Weibo」は各分野の有名人へのアプローチが積極的で、日本関連でいうと、有名俳優・歌手・アイドルをはじめ、企業・自治体までもがアカウントを運用している。言語とインターネットという物理的な距離の二重の壁がない中、関心のある分野の最新情報を容易く入手できることが、中華オタクの多くが「Weibo」を利用している理由である。

3-3. アニメ・マンガ関連商品購入の正式版化・多チャンネル化

筆者が日本のマンガやアニメにハマったばかりの高校時代（10年以上前）には、版権が不明な本、DVD、グッズがインターネット上、リアル世界を問わず氾濫していた。

インターネットで購入したグッズは版権不明の二次創作物、町のレンタル屋さんで借りたマンガは「四拼一（sìpīnyī）」*8 と呼ばれる海賊版、奮発して買ったアニメのDVDも、あとあと海賊版だと気がついたなど、枚挙に暇がない。幸いなことにここ数年、社会的に著作権への意識が高まり、決済手段も多様化しているので、正式商品を購入できるルートが確立されつつある。海外配送可能な通販サイトはもちろん、代理購入（個人／業者）を通して日本限定商品を購入する仕組みもできている。ヤフオク！のような消費者同士の中古品売買のサイトも誕生し、所有しているグッズ、コスチューム類の処分など、オタク特有のニーズも満たされるようになった。

以上、10年前から現在にいたるネットサービスを説明してきたが、実際に一定のオタク人口がある中、多種多様なニーズを満たしたサービスの種類は、実に多岐にわたる。ここで紹介した動画サービス以外にも、マンガ閲覧アプリ、アニメ・マンガ視聴履歴管理サービス、オタクに特化した出会いアプリ、二次創作のプラットホームなども、多数のオタクが利用している。ここでは、中華オタクの「用語」に注目したため、どうしても Weibo、bilibili、AcFun などソーシャル的、公共性・可視性の高いコミュニケーションサイトを中心とした紹介になった。これらのサ

ービス以外の場所にも中華オタクは生息しているので、そういった場所を探して交流したり、文化比較として探検してみるのも大変面白いと思う。ぜひ中華オタクサイトにデビューしてみてください。

注（最終閲覧 2019/5/27）

*1　中国互联网络发展状况统计报告 第 43 次（中国インターネット発展状況統計報告 第 43 回）, http://www.cac.gov.cn/wxb_pdf/0228043.pdf, p30.

*2　中国互联网络发展状况统计报告　第 9 次（中国インターネット発展状況統計報告 第 9 回）, https://www.cnnic.net.cn/hlwfzyj/hlwxzbg/200906/P020120709345368128648.pdf, p20.

*3　本コラムでのインターネット事情は大陸側を前提とするものである。香港、マカオ、台湾はインターネットの検閲を受けておらず、本コラムで言及したネットサービスがいずれも制限なしで利用できる。

*4　中国アニメ市場調査, https://www.jetro.go.jp/ext_images/_Reports/02/1f66d82225adddff/03animation_shanghai6.pdf, pp141-142.

*5　Tencent オリジナル作品一覧, http://v.qq.com/x/list/cartoon?sort=18&offset=0&itype=11&iarea=1.

*6　Virtual Private Network の略、仮想専用線ともいわれる。政府の検閲用ファイアウォールを回避し、セキュアな通信を実現できるメリットがある（参考：https://www.vpngate.net/ja/about_overview.aspx）。

*7　2018 微博用户发展报告（2018 年 Weibo ユーザー発展報告）, http://data.weibo.com/report/reportDetail?id=433, p33.

*8　「四拼一」は単行本 4 ページの内容を 1 ページ（A5 よりやや大きいサイズ）にまとめた印刷方法。インターネットが普及する以前、最もよく見かけた海賊版マンガの形である。

5章 アイドルオタク用語

072 爱豆 [àidòu]
（アイドゥ）

分 名詞 類 偶像

意味

アイドル

解説 日本語の「アイドル」の発音を中国語に当てたものである。同義の「偶像（ǒuxiàng）」（オウシィアン）という言葉もあるが、ひと昔前に使用されていた硬い言葉と認識されており、現在のインターネット上では、「爱豆」の表記を多く見かける。

▶アイドルという概念の変容

中国のメディアが「偶像」ではなく、「爱豆」という言葉を積極的に使用しはじめたのは、ごく最近のことである。長い間、「爱豆」は韓流スターに対しての限定的な呼び名であった。日本のジャニーズ系アイドルのファンも昔から大勢いたが、日本のアイドルは中華圏など海外での活動が比較的少ないため、中国のメディアで報道されることも少なかった。また、日本のアイドル文化はサブカルチャーの一種としてカテゴライズされることが多く、同じアイドル好きといっても、韓流アイドル好きなファンと比べ、二次元を嗜むオタクとの距離がより近いのではないかと感じている。

このようなクラスタ間の対立がなくなってきたのには、たくさんの要因がある。中でも、2000年代中頃以降にはやりだしたWeb2.0的サービスがメディアミックスの情報社会を加速化させたのが一番のポイントかと思う。情報源の多様化につれ、多趣味で関心が多方面に及

ぶ人が増加し、ネットサービス上のブロードキャスト構造（不特定多数
へ情報を発信すること）が他クラスタへのアクセスを容易にした。その結
果、言葉の拡散と新語の誕生に拍車をかけ、クラスタ対立以前の「ネ
ット民」としての共通認識・共感が増えた。今日「アイドルオタク」
と呼ばれる彼らが日常使う言葉の元となったのは、もはやひとつの国
やジャンルとは限らない。そのため、本書で言葉と用例を取り上げる
際も、各クラスタが共通使用の言葉を包括するように心がけた。

　アイドルとそのファンがもたらす経済効果が徐々に拡大している今
日、アイドルの商法を真似したネットマーケティングを採用している
ネットショップ、メーカー、有名ブランドは多い。「アイドルオタク」
（あるいはさらに広い意味での「ファン」と「ファン経済」）に着目することで、日本・
韓国・中国本土・台湾や香港など複数の国・地域に対し、グローバル
に経済・文化全般を観察できるとも考えている。

073　**粉** [fěn]

〔分〕 名詞、動詞　〔類〕 ○○吹、○○骑、○○苏　〔派〕 路人粉、粉头、洗粉、吸粉、
固粉　〔白〕 「迷」をより使用

意味

ファン、何かにハマっている

解説　「粉」は英語「Fans」の中国語訳である「粉丝 (fěnsī)」の冒頭
一文字を切り取り、親しく、かつ簡易的にした言い方である。名詞の
ほかに、後ろにアイドルの名前を入れて使うと、「○○さんにハマっ
ている」という動詞的な使い方にもなる。

　「粉」の前後に修飾語を入れると新しい造語ができる。例えば、
「路人粉 (lùrénfěn)」は、通りすがりの人を意味する「路人」に「粉」、
つまり、ガチのファンではないが、好感度が高い人を指す。「粉」に

リーダーを意味する「头 (tóu)」を組み合わせた「粉头 (fěntóu)」は、ファンクラブのリーダーを指す。また、「洗粉 (xǐfěn)」は麻雀用語「洗牌 (xǐpái) ＝牌を混ぜ合わせる」が由来である。何らかの手段を使い、他人に推し変 (好きなメンバーを変え) させることを意味する。日本語の「布教」に近いが、ややネガティブなニュアンスがある。例えば、自分の推しの人気をあげるために、グループ内のほかのメンバーの悪いうわさを流してファンを鞍替えさせるなど、このような悪質な布教行為が「洗粉」と呼ばれると理解してよい。同じ用途でポジティブに使用する場合は、発音が似ている「吸粉 (xīfěn)」を使う。「吸」は吸い込むというニュアンスがある。なお、吸い込んだファンをさらに定着、固めさせることを「固粉 (gùfěn)」という。

例1：アンチのSNSへの投稿

胖达初号机
1月10日 12:00 来自 微博 weibo.com
对家微博下那些自称**路人粉**的，点开头像一看一水的小号，明显是花钱买来洗粉的
（他メンのツイートに、ファンじゃないけど好感度高い云々って投稿してる人がいるけど、アイコンをタップしたら全員スパム垢だった。絶対お金で買ったやつで推し変が目的だな）

例2：ファンのSNSへの投稿

量产机胖达
1月10日 12:00 来自 微博 weibo.com
这次组合上的综艺虽然只有网络放送但是制作水准不错，好几个大V都在推，应该能**吸**很多**粉**
（今回グループが出演するバラエティー番組はネット上でしか放送されないけど、出来がよくて結構影響力のあるアカウントにおすすめされているから、これでファンは増えるだろうね）

近年、SNSをはじめ各種ネットメディアが発達し、自分の推しの情報収集はもちろん、同じ趣味のファン同士も以前より出会いやすくなっ

てきた。その結果、ファンの細分化も進んでいる。例えば、類義語であげたものはすべてファンに対しての呼び名や自称だが、インターネット上におけるファンの行動パターンによって呼び方も違ってくる。

よく見かけるのは「○○吹（chuī）」である。「吹」は「ほらを吹く」という意味で、○○には推しメンの名前が入る。この種類のファンはひたすらアイドルを褒めるという行動パターンを取る。褒める対象は顔立ちから性格まですべてで、身近な人に推しの良さを熱心に語るタイプである。

ほかにも、「○○騎（qí）」がある。「騎」は「騎士」の意味で、「騎士」はお姫様を守るという意味合いから転じて、推しのアイドルを守るような行動を取るファンの総称になった。攻撃性が高く、推しメンのためなら同じグループの他メンに対しても誹謗中傷などの過激な行為を行うこともある。

「○○苏（sū）」は、別項目で紹介した二次創作用語「玛丽苏＝メアリー・スー」[046]からの派生語であり、日本語の「夢女子」とほぼ同じ意味である。アイドルに対して恋愛感情を持ち、自分とアイドルが恋愛関係になることを妄想しているファンを指す。この言葉は基本的に女性ファンの自称として使用される。

---

074 **迷** [mí]

分 名詞　類 粉　派 迷弟、迷妹　台

意味

ファン、にわかファン

解説　「迷」は「夢中」という意味があるため、従来から使われている前出の項目「粉＝ファン」[073]と同様に使われている。基本的に推しグループの名前の後ろに「迷」を付けて使用する。例えば、

五月天というバンドのファンは「五月天迷（wǔyuètiānmí）」や、省略して「五迷（wǔmí）」と呼ばれる。

しかし、最近のインターネット上ではこうした使い方は少なくなり、代わりに「迷弟（mídì）＝男性ファン」や「迷妹（mímèi）＝女性ファン」のような使い方が主流になりつつある。普通のファンに比べ、頻繁に推しメンを変えたり、面食いだったりとミーハーで、「にわかファン」の傾向があるのが特徴的である。

例：友達同士の会話

今天坐飞机好像跟最近很火的韩国明星一班诶
（今日は人気の韓国俳優さん？と同じフライトだったよー）

！！哇, 是谁啊!
（えーーうそ誰？）

好像是叫宋仲基？我一开始不知道,
后来看到机场接机的粉丝才反应过来
（ソン・ジュンギっていう。最初私も知らなかったんだけどさ、
空港で迎えに来てたファンを見てやっとわかった）

哇！好羡慕你, 我最近有在看他演的电视剧,
演技好又帅气, 据说剧外也很暖所以现在**迷弟迷妹**很多
（羨ましいなー。ちょうど彼が出演したドラマを見てるの。
演技力があるし、かっこいいし、プライベートでも
優しい感じだから、最近新参ファンが超増えてる）

075 饭圈 [fànquān]

分 名詞　派 饭 juan、脱饭

意味

クラスタ

解説 日本語の「クラスタ」とほぼ同じニュアンスの中国語である。ただし、日本語の「クラスタ」は一般的な趣味に対しても使われるが、中国語の場合はアイドルに限定することが多く、範囲がやや狭い。

「饭(ファン)」は別項目「粉(フェン)」[073]と同様、英語の「Fan＝ファン」が由来である。「圈」は中国語では「quān(チュエン)」と「juàn(ジュエン)」のふたつの読み方がある。「quān」で発音するときは「囲まれる範囲」を意味する。それに対して「juàn」は「家畜小屋」の意味があるので、特定のクラスタを揶揄(やゆ)したいときは「饭juan(ファンジュエン) (fànjuan)」の表記が使用される。もうひとつの派生語の「脱饭(トゥオファン) (tuōfàn)」は、「脱」の文字通りファンをやめることを意味すると同時に、クラスタから離脱し、関わりたくない気持ちも表す。

例1：SNS への投稿

胖达@香香推
1月10日 12:00 来自 微博 weibo.com

被朋友科普了一些国内小鲜肉**饭juan**的撕逼，简直目瞪口呆，感觉自己待的日饭圈真和平…
（友達から最近、中国国内の若手イケメン俳優ファン同士の争いを聞いた。超びっくりした。自分は日本クラスタだから全然平和だな…）

例2：SNS への投稿

胖达暴走中
1月10日 12:00 来自 微博 weibo.com

听闻八子太太要退饭圈真是太震惊了，她可是从团没有火起来的时候就一直在的老粉啊，产量水准超级高是我最喜欢的**饭圈**大大之一，真的好难过
（はちこ先生がファンをやめるって超ショック…彼女はグループが全然ヒットしなかったときからずっといた古参ファンだぞ…二次創作のレベルも高くて本当に大好きなのに、悲しい…）

076 推 [tuī] (トゥイ)

分 名詞、動詞　**類** ○○担　**派** 一生推、主推、双担　**台**

意味

推し、担当

解説 日本語の「推しメン」や「推し」が由来の言葉である。主にAKBなど日本の女性アイドルグループが好きなオタクが使用する。ジャニーズ系が好きなアイドルオタクであれば、「担当（dāndāng）」や一文字の「担」を使う傾向がある。

「推」も汎用性が高い。例えば、派生語の「一生推（yīshēngtuī）」は「一生推しを変えない」という意味である。「〇〇推」のように、前に推しメンの名前や愛称を入れる使い方もある。以下はその一例である。

例1：SNSアカウントのプロフィル

> 马玉玉**一生推**！！总选目指第一！
> （まゆゆを生涯推す！！目指せ！総選挙1位！）

推しが二人いる場合、「双担（shuāngdān）＝カケモ（掛け持ちの略称）／掛け持ち」という。さらにカケモチの二人をカップリングとして応援する場合、「CP粉（CP fěn）＝カップリングファン、カップリング厨」とも呼ばれる。二人以上の複数推しの場合、推す順位を表すための「主推（zhǔtuī）」や「副推（fùtuī）」といった表記も使われる。具体的な使い方は用例を見てほしい。

例2：ファンのSNSへの投稿

> 胖达@香香推
> 1月10日 12:00 来自 微博 weibo.com
> 从KT入坑那天开始就是AK**双担**，就算现在大家已经各奔天涯我相信他们总有一天会聚首的，不管什么方式都好。不忘初心
> （KAT-TUNにハマってからずっと仁亀担だった。今はメンバーがバラバラになっているけど、いつか何らかの形で集まると信じている。初心忘れるべからず）

5章 アイドルオタク用語

109

例 3：ファンの SNS への投稿

胖达二号机
1月10日 12:00 来自 微博 weibo.com

去年**主推**刚毕业今年副推在 con 上说年内毕业，累不爱
（去年一推しが卒業したばっかりで、今年二推しがコンサートで年内に卒業すると発表した。もうしんどくて心が死ぬ）

077 团饭 [tuánfàn]
トゥアンファン

分 名詞　類 DD　対 唯饭、毒唯

意味

DD、箱推し

解説　「团」は「グループ」を意味するので、「团饭」はグループ全員のファン、つまり日本語でいう「箱推し」（グループ全体を推す）の意味である。ジャニオタがよく使う「DD＝グループの誰でも大好き」という言葉も、日本のバラエティー番組の影響で、中華圏のジャニオタに認識されている。

　「团饭」の対義語は「唯饭（wéifàn）＝単推し、専ヲタ」である。「唯」は「唯一、オンリーワン」を意味する。「箱推し」のファンに比べ「唯饭」は推しメンの個人的利益を重要視し、推しメンの露出が少なくなったりポジションが変わったりすると、すぐ運営を批判する傾向が見られる。そうした批判が行き過ぎた場合「毒唯（dúwéi）」に変身する。「毒」は「毒舌、いじわる、有害」など、複数のニュアンスがある。自分の推しメンだけに注目して応援するならば、単なる「唯饭」だが、自分の推しメンのためにほかのメンバーを攻撃・誹謗中傷するのは「毒唯」といわれ、「黑粉」（別項目「黑」［079］解説参照）の意味に近い。

078 脳残粉 [nǎocánfěn]

分 名詞　派 理智粉　台

意味

熱狂的なファン（厨）、信者

解説　「脳残」は「頭がおかしい人間」を指す差別用語である。「脳残粉」はこの言葉から派生した単語で、日本のインターネット上でよく使われる「信者」や「厨房」といった言葉のニュアンスに近い。

「脳残粉」は本来特定の層に対して使う言葉ではなかったが、2010年に開催された上海万博で、入場券の数が少ないことに激怒した韓国のアイドルグループSUPER JUNIORのファンが警察と衝突した事件から「脳残粉」という言葉が広がり、韓国アイドルファン＝「脳残粉」というイメージが一般のネットユーザーに刷り込まれた。

しかし時代が変わり、現在はアイドルファンの経済効果がさまざまな業界に注目されており、また、ファン内部からも「理智粉（lǐzhìfěn）＝理性的なファン」になろうとの呼びかけが続いているので、「脳残粉」は単に「熱狂的なファン」の意味として使用されることが多くなった。自虐的な自称や愛好するモノに対して使うことも可能である。

例1：SNSへの投稿

胖达@香香推
1月10日 12:00 来自 微博 weibo.com

无意中看了个直播，天呐当初还是嫩嫩的三石弟弟现在已经这么man了，简直是一个行走的荷尔蒙我要沦为**脳残粉**了！
（偶然生中継を見たけど、当時幼かった呉磊がそんなに男らしく成長したの…もう歩くフェロモンじゃないか…ファンになっちゃうぅ！）

5章　アイドルオタク用語

例2：SNSへの投稿

胖达减肥中
1月10日 12:00 来自 微博 weibo.com

我算是海底捞的**脑残粉**了，今天算了一下这周面基，约闺蜜，约会都是海底捞，觉得店员一定都能认识我了
（海底撈火鍋が好きすぎてやばい。今週はオフ会、女子会、デートをすべて海底撈火鍋で済ませた。絶対店員さんに顔を覚えられたと思うわ）

---

079 黑 [hēi]

 名詞、動詞　 黑粉、anti　派 ○○黑、黑料　台

意味

アンチ、アンチ行為

解説　「黑」は「アンチ」のことである。アイドルそのものや、アイドルを追っかける行為に反感を持つ人を指す。中華圏では、昔から芸能人には「アイドル」と「実力派」の分類があると認識しており、アイドルはただの人気商売であると考え、見下すようなネットユーザーが大勢いる。加えて、前出の項目「脑残粉」[078]で紹介したように、韓国アイドルのファンの過激な行動がマスメディアによく取り上げられるため、アイドル本人のみならず、過激なファンに対しても反感を持つ人が存在する。

　ただし、近年はファンの経済効果も注目されつつあるため、以前より寛容な雰囲気になってきたと筆者は感じる。そのため「黑」は過激なファンやアイドルを嫌うネットユーザーを指す言葉ではなく、自分の推しに不利益な発言や行動を取るようなファンを指すようになった。特にアイドルグループの場合、メンバーそれぞれの人気度に格差があり、推しているアイドルのポジション争いや序列・マスコミの露出度をめぐって、同じグループのファン同士が対立することがあ

る。そのようなファンを、「黒」の後ろにファンを表す「粉(フェン)」を加え、「黒粉(hēifěn)」という。同じグループのファン同士だからこそ、アンチの対象となるアイドルの不利な情報や黒歴史、不祥事と呼ばれる「黒料(hēiliào)」にも詳しく、外野のアンチよりも攻撃的、粘着質である。「黒」はインターネット上でほぼ定着し、使用する範囲も拡大してきた。以前は特定の人に対して使用されることが多かったが、現在はキャラクター、団体、モノが嫌いな場合にも「○○黒」（○○に名前が入る）つまり「○○アンチ」という表現が用いられる。

080 **站子** (ヂャンズー)[zhànzi]

分 名詞　類 个站

意味

ファンが運営している応援サイト

解説　「站子」は中国語で「ウェブサイト」という意味であるが、アイドルオタクの間では「ファン自らが設立した応援サイト」に対して限定的に使う。

　グループやユニット全体ではなく、メンバー個人の応援サイトは「个站(グェヂャン)(gèzhàn)」ともいう。「个(グェ)」は「个人(グェアレン)(gèrén)＝個人」の略である。このような応援サイトは大体「前線(チィェンシィェン)(qiánxiàn)＝オリキ(特定のアイドルを熱烈に応援するファン。別項目「大炮(ダーバオ)」[082]はその一種)」と呼ばれるファンが手がけ、「饭拍(ファンパイ)(fànpāi)」というファンが撮った写真を定期的にアップロードする。ちなみに、運営側が投稿した写真は「官图(グァントゥ)(guāntú)」という。この「官」は「オフィシャル」の意味合いがある。そのほか、雑誌の表紙やCM宣伝の写真は「硬照(インヂャオ)(yìngzhào)」という。

5章　アイドルオタク用語

113

例：アイドルオタク同士の会話

最近的**官图**真是让我伤透了心，
不知道美工是怎么想的，修得那么过
（最近運営が投稿した写真がひどすぎる…いくら何でも修正しすぎ…）

何止是**官图**，生写也超级敷衍好吧…
（投稿した写真どころか、生写真も何ともいえない感じ…）

官图睁一只眼闭一只眼就好，生写可是用来操销量的啊，
质量太差怎么下得去手买…
（だよね。ネット上に載せる写真はまあいいとして、生写真は売り物だぞ…そんなにひどい出来のもの本当に買いたくないわ…）

然而不买也不行…总之先买个5份存着，
平时多舔一舔**站子**的**饭拍**美图好了
（でも義務みたいなものだから積まなきゃ…5セットぐらい買っとこうかな…本当に推しのきれいな顔見たいんだったらファンが撮った写真を見るしかない…）

081 私生 [sīshēng]
スーシォン

[分] 名詞

意味

ヤラカシ

解説 「私生」は「私生活（sīshēnghuó）」の略で、アイドルのプライベートまで知りたがるファンのこと。日本のジャニオタ用語の「ヤラカシ、裏オリキ」（どちらもマナーの悪いファンを指す）と同様の意味を持つ。

　韓流スター・中華系アイドルを追いかけるファンにとって、ツアーやイベント時に駅や空港で出待ちすることや、同じフライトに乗ることは、原則としてはダメだが、運営に厳しく規制されてはおらず、ギ

リギリ「オリキ」の範囲内である。むしろ、このような熱心なオリキが存在するからこそ、空港ファッション（後述）のファン写真が大量に流出し、それが呼び水となってさらにファンを増やすことができる。メディアにも今はこのアイドルが人気だという印象を与えることができる。こうした実情から、ほとんどの運営が空港での出待ち行為を黙認している。そのため、中華アイドルオタク界隈では、空港などの公の場所以外、例えば、アイドルが通う学校や生活範囲の付近に出入りすることを「ヤラカシ」と認識している。

　ちなみに、空港ファッションとは、中華系・韓国系アイドルの空港での出発または到着時のコーディネートのことである。空港にいる時間は半分公式の予定であるため、空港ファッションはただの私服より洗練されている。ファンは推しと同じ服やアイテムを揃えたがるので、人気の高いアイドルの場合、彼らが着ている服やアイテムはすぐ品薄になるくらい売れる。そのため、ファンだけではなくファッション関係者もアイドルの空港ファッションに注目している。

082 大炮 [dàpào]

分 名詞　類 前線　派 炮姐

意味

一眼レフカメラ

解説　一眼レフカメラ、特に大きい遠望レンズ付きの一眼レフは見た目が「大砲」の形に似ていることから、中華アイドルオタクの中では、「大炮＝大砲」は性能のいい一眼レフ、また一眼レフを持つ「オリキ」の代名詞として使われている。

　「オリキ」しながらファンサイトを運営している、写真撮影がうまい女性ファンは「炮姐（pàojiě）＝一眼レフの姉さま」という愛称で一

般ファンに呼ばれている。常にアイドルを追いかけている「オリキ」にとっては、人混みや遠いところからでも推しの顔や振る舞いを鮮明に撮ることが重要であるため、性能のよい望遠カメラは必須アイテムである。「炮姐」の語源は、おそらく韓国語の「大砲ヌナ、バズーカヌナ」（韓国で同様の行為をしているファンのこと）から。なお、普通のアニメ・マンガオタクにとっては、「とある科学の超電磁砲（レールガン）」（鎌池和馬原作）の主人公レールガンこと「御坂美琴（みさかみこと）」のことを指すため、見かけた際は前後の文脈で判断しなければならない。

　日本の大手芸能事務所は基本的に肖像権に厳しく、インターネット上でのアイドルの顔写真の掲載を厳しく規制しており、ファンが撮影した写真もほとんど出回っていない。この点について、韓国アイドルや中華系アイドルのファンの常識と少し違っている。前出の項目「私生（スーション）」[081] で紹介したように、中韓では空港での出待ち行為やイベント出演時の撮影は黙認されていることが多く、それがファンを増やすひとつの手段だと運営側が認識している。

083 **蒸煮**（ヂォンヂュ）[zhēngzhǔ]

| 分 | 名詞 | 類 | 正主 | 派 | 上升蒸煮 | 台 | 「蒸煮」ではなく「本尊」を使用 |

意味

本尊

解説　「蒸煮」は「正主（ヂォンヂュ）（zhèngzhǔ）＝本尊」のことである。アイドルなど実在する人物を題材にした二次創作をする際に、よく使用される言葉のひとつである。

　特に腐向けの場合、対象者である本人の目に入らないように、本人に直接知らせることや、SNS などで本人の名前のハッシュタグを使って必要以上に情報を露出することは、ファンの中で厳しく禁じられ

ている。ちなみに、本来「正主」が正しい表記ではあるが、発音の似
ている「蒸煮」のほうがなじみやすく、よく使用されている。

　派生語の「上升蒸煮（shàngshēng zhēngzhǔ）」は、本来ファン内部で
完結すべきこと（ゴシップやファン同士の争いごとなど）が、運営や本人のア
カウントを通してエスカレーションしてしまうことである。

例：動画サイトに動画を投稿する際の紹介文

> 看了最新一集的剧情，脑洞大开剪了个腐向的 MAD，跟大家分享，注
> 意千万不要艾特**蒸煮**！
> （ドラマの最新話を見ていて妄想が止まらないから腐向けの MAD を作った。絶対本
> 尊の目に触れないように扱い注意してね！）

チィァントゥ

084 墙头 [qiángtóu]

分 名詞　派 爬墙

意味

新しくハマる芸能人やカップリング、推し増し

解説　「墙头」は「墙头草（qiángtóucǎo）＝塀の上に生えた草」が由来
であり、風に揺れ動くイメージから、態度が曖昧ですぐ立場を変えて
しまう人に対して比喩的に使う。アイドルオタク界隈では、新しくハ
マる芸能人やカップリングのこと指す。本命（一番好きなアイドル）とは
違い、投入するお金と時間が比較的少なく、顔だけが好みといった場
合が多い。ちなみに、三次元のアイドルや二次元のキャラクターに関
係なく、推し変や推し増しといった行為は中国語で「爬墙（páqiáng）
＝塀を越える」という。

例 1：SNS への投稿

胖达暴走中
1月10日 12:00 来自 微博 weibo.com

他真的好可爱好可爱啊，身为**爬墙**小能手没有节操的自己竟然有一天可以安顿下来喜欢一个人超过半年以前自己的话简直不能想象！
（推しが尊い…推し変し続けて無節操な自分が一人を半年以上推し続けるなんてもう信じられない！）

例 2：ファンによるアンチへのエアツイート

路人胖达
1月10日 12:00 来自 微博 weibo.com

也是不想 say，有些毒唯已经爬墙就别来回踩好么，要知道粉丝行为偶像买单你也不想你新**墙头**收 rs 吧
（あまり言いたくないけど、推し変したのに前の推しを攻撃するのはやめていただけません？ファンの迷惑行為は結局アイドル本人にも害を及ぼすから。あなただって自分の推しが他人に悪口をいわれるのは勘弁してもらいたいでしょう？）

---

085 **C位** [Cwèi]
シー ウェイ

[分] 名詞　[類] 站位、番位　[派] 不动C　[台]

意味

センター

解説　「C」は「センター (Center)」、「位（ウェイ）」は「ポジション」のこと。AKB系アイドル総選挙の影響で、ポジションや序列という言葉および概念は中華アイドルオタクの中で定着している。例えば、類義語に「站位（zhànwèi）＝ポジション」「番位（fānwèi）＝ランキング順位」、派生語に「不动C（bùdòng C）＝不動のセンター」などがあげられる。

例：ファンの SNS への投稿

胖达初号机
1月10日 12:00 来自 微博 weibo.com
终于看到这次解禁的情报啦，我家宝宝还是不动的 **c 位**，嘿嘿嘿棒棒哒
（やっと解禁された情報を見た。推しは不動のセンター！うれひいーー）

086 宝宝（バオバオ）[bǎobao]

[分] 名詞、人称代名詞

意味

推し、自分のこと

解説 「宝宝」は日本語の「赤ちゃん」や、英語の「baby」に相当する中国語である。近年のインターネット上では、第一人称や第三人称の言葉として使われる傾向が見られる。オタク用語ではないが、推しに対して使うのがオクタ的な使い方である。この場合、推しが自分自身より年下のことが多い。年上の場合でも、年下の兄弟や自分の子どものようにかわいがってあげたいというニュアンスがある。

例1：恋人同士の会話

这次路考又挂了，**宝宝**心里苦
（あたし、また路上試験で落ちたの…つらい…）

没事儿接着考嘛，大家都考几次才能过的
（またがんばればいいさ。みんな結構何回か落ちるよ）

教官也好凶嘤嘤嘤
（教官も厳しいし…しくしく）

> 摸摸头，再坚持一点！
> 你考过了我给你买你上次看中的包包！
> （なでなでー。もうちょっと踏ん張ってみようよ！
> 受かったら君がお気に入りのバッグをプレゼントするから！）

例2：ファンのSNSへの投稿

量产机胖达
1月10日 12:00 来自 微博 weibo.com
刚入坑的时候**宝宝**还是小男孩的体型，这几年长开了，跳舞的时候攻得一米简直要沦为女友粉…
（最初に推しにハマったとき彼はまだ子供な感じだったけど、最近がたいがよくなってきてダンスするときも男気全開でガチ恋しそう…）

087　人设 [rénshè]
〈レンシェア〉

[介] 名詞　[派] 卖人设、人设崩塌　[台]

意味

キャラ

解説　「人设」は「人物設定、キャラクターデザイン」という意味である。本来、アニメやマンガ、ドラマといった創作物に登場する架空の人物に対して使う言葉であるが、日本のバラエティー番組の影響で、「まじめキャラ」や「癒やしキャラ」のように、役割・集団中の振る舞いを指すような使い方も徐々に浸透しはじめた。

例えば、「学霸人设 (xuébà rénshè)＝秀才、高学歴キャラ」「总裁人设 (zǒngcái rénshè)＝金持ちの俺様キャラ」といった名詞同士の組み合わせは、一般のネットユーザーのみならず、雑誌など紙のメディアでも使用されている。

しかし、注意しなければならないのは、現実では中国語の「人设＝キャラ」は、本来の性格を隠し、キャラ作りをするというニュアンス

に捉えられ、ややマイナスな意味のものになってしまうことが多い。特に、前後に動詞が修飾される場合はほとんどマイナスの意味になる。派生語である「卖人设 (mài rénshè)」「人设崩塌 (rénshè bēngtā)」はこのパターンである。使い方は用例を見てほしい。

例：友達同士の会話

看最近的微博没，这次薛之谦的**人设**是彻底崩塌了…
（最近の Weibo 見た？
今回の不祥事でジャッキー・シュエのキャラは完全に崩壊したわ…）

车祸造假其实还好，逼女方堕胎这个真是不能原谅
（そうだなー。車の事故で嘘ついたのはまあ許されるけど、
元カノに赤ちゃんをおろさせるのはマジ許さん）

对啊，之前还跟前妻复合**卖**深情男的**人设**，这下被打脸了吧
（禿同。この間離婚した元妻と復縁しようとして一途キャラを
演じようとしたのに、これで自分のメンツが完全につぶされたな）

088 盐 [yán]

分 名詞、動詞、形容詞　派 盐神

意味

塩対応、クール

解説　AKB元メンバーの島崎遥香さん（愛称「ぱるる」）の「塩対応」が元ネタ。メディアで報道されてから中華アイドルオタクの中でも「盐＝塩」という言葉が使われるようになった。

ちなみに、日本語と違う使い方がふたつある。ひとつは形容詞として使う場合で、対応が冷たいこと以外に、表情がクールなどのポジティブな文脈でも使用可能である。もうひとつは形容詞以外に一文字で

動詞としても使うことができ、「塩対応する」という意味合いである。

　派生語の「盐神(yánshén)」は塩対応の最上級で、もはや神レベルの塩対応をしているアイドルを指す。塩対応は普通は嫌われる行為だが、それにあえて「神」をつけることで「塩対応だけど、それもまた美味しい、推せる」とする、アイドルオタクのMっぽい発想が見えてくる。

例1：SNSへの投稿

新・胖达
1月10日 12:00 来自 微博 weibo.com

看到**盐神**帕露露毕业的消息也是一阵唏嘘吧，忘记是马路须加还是宽松世代开始关注的，虽然不是死忠粉但也还是陆陆续续地一直追剧和综艺。希望今后女优之路越走越宽～
（塩対応で有名になったぱるるが卒業するニュースを見てやっぱちょっと感慨深い。たぶん「ゆとりですがなにか」や「マジすか学園4」のあたりから彼女が気になりはじめて、すごく熱心なファンではないけどずっと主演したドラマとバラエティーを見てきた。今後の女優業もうまくいくといいねー）

例2：ファンのSNSへの投稿

胖达初号机
1月10日 12:00 来自 微博 weibo.com

我家宝宝台上克里斯马**盐**粉丝一脸，私下跟队友互动又很接地气，这种反差萌真是让人欲罢不能…
（推しは舞台上ではいつもクールな振る舞いでカリスマ性があって、ほかのメンバーとやりとりするときは親切で周りに親しまれている。こういうギャップ萌えがあるからファンがやめられない…）

089 **发糖** [fātáng]
ファタン

分 動詞　類 狗粮　派 官方发糖、眼神糖、磕糖、糖里有毒　台

意味

ファンが喜びそうなネタを提供する行為

解説 「糖(タン)」は「キャンディー」の中国語である。推しのカップリングが自分の妄想がはかどるネタを提供してくることを、「发糖＝キャンディーを配る」という。中国の結婚式で新郎新婦が来客にキャンディーを配る習慣が語源だといわれていたこともある。語源から見れば結婚した夫婦に対して使う言葉だが、インターネット上では男女・同性の恋愛関係を指すことがほとんどである。アイドルや芸能人など実在するカップリングから、漫画やアニメが原作の同人カップリングまで、クラスタを問わずに使われる汎用性(はんよう)の高い言葉である。

話の内容によって「糖＝キャンディー」をさらに細かく分類することができる。例えば、公式が同人的要素のネタを提供することを「官方发糖(グァンファンファタン)(guānfāng fātáng)」という。推しのカップリングがお互いに見つめ合うことを「眼神糖(イェンシェンタン)(yǎnshéntáng)＝目線のキャンディー」と言い、そこから"二人はできている"という結論にたどり着くこともファンの中であり得ることである。また、一見すると甘いサービスシーンなのに、あとで振り返ってみるとバッドエンドのフラグになったようなネタは「糖里有毒(タンリーヨウドゥ)(táng li yǒudú)」、すなわち「キャンディーに毒が入っている」という表現で揶揄される。

本来であれば、キャンディーには「吃(チー)(chī)＝食べる」という動詞を接続する使い方が一般的だが、ファンの中では「磕(クゥァ)(kē)」という動詞を使うのが一般的である。「磕」は本来、違法ドラッグをやるという文脈でしか使わない。しかし、あえてこの動詞を使うのは、「中毒性がある、禁断的、やめられない」というニュアンスを表したいからであろう。

5章 アイドルオタク用語

123

例：SNS への投稿

胖达暴走中
1月10日 12:00 来自 微博 weibo.com
最新一话官方的**发糖**！深情对视就差一句话了！双箭头妥妥的！
（最新話で二人の関係性はもはや公式認定！お互いに熱く見つめ合い、あとは告白の一言だけ！絶対両思い！）

　中国では、独身の若者がよく自分のことを「単身狗 (dānshēngǒu) ＝独身の負け犬」と自虐している。自分に幸せが訪れない代わりに、自分が推しているカップリングの幸せが精神的に最高のエサになるため、「狗粮 (gǒuliáng) ＝ドッグフード」も「糖」とほぼ同じ意味として使うようになった。

090 **钓** [diào]

[分] 動詞 [類] 营业 [派] 钓神 [台]

[意味]

ファンの心を釣る

[解説] 「钓」は、日本のアイドル用語の「釣り」と同様、「ファンの心を釣る」という意味である。派生語「钓神 (diàoshén)」は「釣りがうまいアイドル」という意味で、日本のアイドル用語「釣り師」に相当する。AKB系を推している中華アイドルオタクをはじめ、それ以外のアイドルオタクの中でも使われている。

091 **营业** [yíngyè]

[分] 動詞 [派] 营业水平、营业CP [台]

124

意味

営業する、仕事としてファンサービスすること

解説 日本語の「営業」を中国語で表記したものである。「営業スマイル」の「営業」と同様に、仕事としてファンサービスすることを意味する。前出の項目「钓(ディアオ)」［090］のニュアンスに少し似ている。

派生語の「营业水平(yíngyè shuǐpíng)」は営業スキル、つまり釣りのレベルを意味する単語で、後ろに「高(gāo)」や「低(dī)」など形容詞を付けて使用する。「营业」は中華系・韓国系アイドルクラスタに関係なく使われている印象がある。

もうひとつの派生語「营业CP(yíngyè CP)＝営業カップリング」のニュアンスはやや複雑である。本当は仲良くないかもしれないけれど、一部ファンのためにわざと接触したりやりとりをしたりして、ファンサービスを欠かさないカップリングのことを意味する。また、そうしたファンサがないにも関わらず、ファンが一方的に勘違いしてカップリングすることに対しても使える。以下の用例は後者である。

例：SNSへの投稿

路人胖达
1月10日 12:00 来自 微博 weibo.com
人家队友间正常的互动硬说人家是**营业cp**，麦麸吸粉。结果人家媒体高调宣布恋情，打脸啪啪啪啪
（一般人から見ればメンバー同士の普通のコミュニケーションなのに、一部の腐女子が勘違いしてBLガーってね。片方は交際宣言発表したし、さすがにもう諦めようや）

092 颜值 [yánzhí]
イェンヂー

[分] 名詞　[派] 颜值爆表、颜值担当

> 意味

顔面偏差値

> 解説　「顔值」は日本語の「顔面偏差値」を中国語にしたもの。日本のバラエティー番組から伝わったと考えられる。名詞として、前後にレベルを表す「高 (gāo)」や「低 (dī)」など形容詞と組み合わせて使用する。対象はヒト・モノ関係なく使える。

例1：SNSへの投稿

胖达减肥中
1月10日 12:00 来自 微博 weibo.com
这家店最近出的新款甜点**颜值高**得简直让人不忍心下嘴！
（このお店の新作スイーツ、かわいすぎて食べるのがもったいない！）

　派生語の「顔値爆表 (yánzhí bàobiǎo)」は「顔面偏差値が高すぎて測れない」という意味。「爆表 (bàobiǎo)」は「ドラゴンボール」（鳥山明作）の「スカウターで戦闘力が測れない」という有名なせりふが元ネタである。また、「顔値担当 (yánzhí dāndāng)」は同じグループの中で一番顔が整っているメンバーを指す。ファンが自分の推しを褒めるときの決まり文句のひとつである。

例2：ファンのSNSへの投稿

胖达＠香香推
1月10日 12:00 来自 微博 weibo.com
本命真的是美颜盛世，这次蛋巡每个造型都爆美！不愧是我**团颜值担当**！
（推しの顔が良すぎる！今回全国ドームツアーのスタイルも超いい！さすがグループ内ルックス担当！）

093 小鮮肉 [xiǎoxiānròu]

シァオシィェンロウ

分 名詞　派 小嫩肉　台

意味

若いイケメン

解説　「小鮮肉」は「若いイケメン芸能人」の総称である。「鮮肉」は中国語で「新鮮な肉」という意味である。この「新鮮」は、年齢が若い、芸能界での歴が浅いなど複数のニュアンスがあり、基本的に20代以上の新人を指す。それより年下の10代の芸能人は「小嫩肉(xiǎonènròu)＝若い肉」と呼ばれたりする。

094 暖男 [nuǎnnán]

ヌァンナン

分 名詞　類 暖（形容詞）　派 中央空调　台

意味

優しくて人の心を温めるような男性

解説　「暖男」は文字通り、「優しくて人の心を温めるようなタイプの男性」を指す。このようなタイプの男性はルックスのよいイケメンよりも、清潔感があり、性格もよく、いいお兄さんというイメージである。韓国のバラエティ番組発祥の言葉のようだが、2013年前後、複数の韓流ドラマの大ヒットにより中華圏に広がった。名詞の「暖男」は男性にしか使えないが、形容詞の「暖」は男女問わず使える。例えば、「彼女は他人思いな人だ」と表したい場合、簡略的に「她很暖(Tā hěn nuǎn)」と表現することができる。

　しかし、優しい男は行き過ぎると「誰にでも優しい男」になる。こ

5章　アイドルオタク用語

127

うなると女子の好感度は上がるどころか、下がる可能性が高くなる。このような男性は「中央空调（zhōngyāng kòngtiáo）＝セントラルエアコン」と呼ばれる。天井埋め込みタイプのセントラルエアコンは全員に万遍なく暖かさを提供する、という機能面から派生した言葉である。

095 打榜 [dǎbǎng]

ダーバン

分 動詞

意味

アイドルの曲や MV などの閲覧数を増やす行為

解説 「打榜」の「打」は「打ち込み」、「榜」は「ランキング」の意味である。これは、中華アイドルオタク独自の造語で、推しアイドルの曲や MV を特定のウェブサイトのランキング上位に入るように、人為的に閲覧数を増やす行為である。

　世界的に CD が売れない時代ではあるが、中国、特に大陸側は最初から CD を消費する文化があまりなかったので、中国本土のアイドルや歌手にとっては CD の売り上げ枚数よりも、インターネット上での再生数やダウンロード数のほうがずっと大事であった。影響力のある大手音楽共有サイトは毎年音楽賞を開催しており、再生回数が多ければ多いほど賞が取りやすく授賞式にも招待されるので、一回の受賞でたくさんのメディアに露出でき、知名度をあげることができる大きなチャンスとなる。

　推しアイドルをランクインさせるために、曲や MV を毎日再生したりダウンロードしたりするのは、もはやファンの日課である。チャットグループなどファンの自発的な集まりの中では、あいさつ代わりに「今日はもう『打榜』した？」とチェックし合うのはよくあることである。毎日一人一アカウント最低何十回再生などのノルマを課して

いることも珍しくない。

　一般的に、再生するのにお金はいらないが、登録サイトの有料会員かどうかによって１再生数の価値が違う場合があるので、有料になったほうが推しに有利という理由で、お金を払っているファンは少なくない。また、複数の有料アカウントを保持する人もいる。音楽賞で推しを表彰台に送るためには大金がいるので、熱狂的なファンだと一人のアイドルに対して毎回数千元かかるという。ファンの中であるある話である。

096 リータオ[Lǐtāo]

分 動詞

意味

理性的議論、まったり

解説 「李涛」は、理性的議論を意味する中国語「理智讨论 (lǐzhì tǎolùn)」が由来で、「理智」「讨论」のふたつの単語からそれぞれ一文字ずつ取った「理讨 (lǐtāo)」の発音の当て字である。「李涛」は中国ではよくある名前で（日本でいうと山田太郎さんのような）、元となる単語よりも面白みがあるため、すぐに浸透した。この単語は、ファンとしての感情は置いておき、理性的にディスカッションしようと呼びかけるときに使われ、掲示板などスレッドのタイトルの冒頭部分に用いられる。日本の掲示板で使用されている「まったり」と同義語である。

例：掲示板スレッドのタイトル

【李涛】茶蛋防弹国民碗毒瓦斯 BP 红毛几个团体的爆红是否意味着韩流迎来第二春？
（【まったりスレ】EXO・防弾少年団・wanna one・twice・BLACK PINK・Red Velvet など韓国グループのメジャーヒットは韓流ブームの再来を意味するか？）

097 锤子 [chuízi]

（チュイズー）

分 名詞　類 锤　派 实锤

意味
証拠

解説　「锤子」は「槌(つち)」の中国語であるが、中華アイドルオタクの中では「証拠」の代名詞として認識されている。言葉の起源は定まっていないが、確実にいえるのは「锤子」は2014年前後からアイドルオタクの中で使われはじめた、比較的新しい言葉である。「锤(チュイ)」一字でも同じ意味として使われている。

　芸能人同士やファン同士がお互いにバッシングする場合、画像キャプチャー・写真・録音など、SNS上で閲覧・視聴可能な電子データを用いて自分の見解を説明したり、他人の指摘を論破しようとしたりする。派生語の「实锤(シーチュイ)（shíchuí）」は「決定的な証拠、動かぬ証拠」の意味である。

例：ファンのSNSへの投稿

路人胖达
1月10日 12:00　来自 微博 weibo.com
说我家爱豆吸毒？呵呵造谣谁不会？？有本事上**实锤(チュイ)**啊
（推しが薬をやってるって？バカいうな。まず証拠を見せろや）

098 罩杯 [zhàobēi]

（ヂャオベイ）

分 名詞　派 晒胸、晒罩杯

意味
グッズ

解説 「罩杯」はジャニーズオタクの専門用語で、文字の意味としては胸のカップ数を指すが、ジャニオタのあいだでは「周辺グッズ」を意味している。

中国語の「グッズ」は「周边(zhōubiān)＝周辺グッズ」と表記し、ピンインの頭文字をとって「ZB」と略すことが多い。「ZB」とピンインに入力すると、予測変換で「罩杯」が最初に出てくる。ジャニーズファンはほとんどが女性なので、「罩杯＝グッズ」という表記が徐々に定着した。ほぼジャニオタしか使わない隠語なので、本当にファンであるという身分を証明するためのひとつの有効な手段である。例えば、自分が不要なグッズを譲る相手が、本当にアイドルにお金をかけていて、きちんとやりとりができるファンかどうかをチェックしたいとき、用例のような文章を送るといいかもしれない。

例：ファンのSNSへの投稿

量产机胖达
1月10日 12:00 来自 微博 weibo.com
最近搬家有些周边带不走打算出，邮费自理。基本是10年之后的全国巡演的场贩。老规矩先晒**罩杯**，不想便宜了白嫖
（最近引っ越しする予定なので一部のグッズを着払いで譲りたい。ほとんどが2010年以後の全国ツアーのグッズ。身分証明のために先にグッズ晒しでお願い。お金を払わないファンに譲りたくない）

用例に出てきた「晒罩杯(shàizhàobēi)」は「戦利品を晒す」という意味。オタクがコミケ終了後に購入品を並べた写真と共に「今日の戦利品を晒す！」とSNSに投稿するお決まりの行動があるように、ジャニオタもコンサート帰りやジャニーズショップ帰りに購入したグッズの写真をSNSに晒す習慣がある。「晒罩杯」をさらに略して「晒胸(shàixiōng)＝胸晒し」という表記もできる。

099 **wuli** (ウリ)

分 名詞

意味

うちの、うちらの

解説 「wuli」は韓国語「우리＝私たち」の発音からきており、仲の良い友達や親しい家族、恋人に対して使うほか、好きなアイドルに対しても使える。日本語の「うちの〇〇」、また複数形の「うちらの〇〇」というニュアンスに近い。韓国アイドルクラスタ発祥の言葉で、韓国アイドルクラスタが最もよく使うが、近年、韓国でデビューする中国出身のアイドルがたくさんいる影響で、中華系の芸能人に対しても使うようになった。「wuli」の後ろに推しの名前を入れて、ひいきしている気持ちを表す。

例：SNS への投稿

胖达暴走中
1月10日 12:00 来自 微博 weibo.com

wuli 韬韬（黄子韬）不会轻易狗带（go die）！！
（うちのタオちゃんはそう簡単に人気落ちねえぞ！！）

100 **打call** [dǎcall] (ダーコール)

分 動詞　類 応援　派 打尻、打电话、打国际电话　台 「打call」ではなく「打芸（オタ芸）」を使用

意味

コールを入れる（オタ芸）、好き、応援

解説　「打Call」はオタ芸（アイドルのコンサートなどでファンが曲に合わせて行う振り付けや掛け声のこと）の「コールを入れる」の中国語表記である。オタ芸をすることを「打つ」ともいうため、「打(ダー)」が採用されている。

「コールを入れる」ことは本来「打Call」と「打尻(dǎkāo)」のふたつの表記（中国語の発音は同じ）があるが、「打Call」のほうがわかりやすいため、こちらがアイドルオタク以外にも広がった。さらに、メディアがこうしたオタク文化を取り上げる際に、言葉の語源やオタ芸でアイドルを応援するというファンの文化について深堀りせずに報道してしまったため、一般人が「Call＝電話」と捉えてしまい、「打Call」は「コールを入れる」ではなく「好き、応援」という意味に誤解され広まっていった。用例はどちらもこのパターンで、本来は誤った使い方だが、現在では最もよく見られる使い方である。類義語の「打电话(dǎ diànhuà)」「打国际电话(dǎ guójì diànhuà)」は、「Call」を「电话＝電話」「国际电话＝国際電話」に置き換えたもの。後者は推しが他国で活躍するときに使用する。

例1：ファンのSNSへの投稿

胖达@香香推
1月10日 12:00　来自 微博 weibo.com

我鹿这次代言欧舒丹简直太良心，不仅海报美而且联名款的赠品更是颜值高高，想为欧爸爸疯狂**打Call**！
（うちのルハンちゃんが今回ロクシタンのイメージキャラクターになってよかった。宣伝ポスターが超美しいし、限定版のおまけもかわいい。ロクシタン様、これからずっとついて行くー！）

例2：ファンのSNSへの投稿

胖达@ NERV
1月10日 12:00　来自 微博 weibo.com

为我团新专疯狂**打国际电话**！第一周就登上Oricon公信榜第一位！直接破了日本出道的海外歌手的记录！！棒棒哒！！
（推しグループの新アルバムが初週でオリコン1位！海外歌手最速記録を更新するなんて素晴らしすぎる！）

101 rio
リアル

[分] 形容詞　[類] real

意味
実在する、本当のこと

解説　「rio」は英語「Real」に由来する単語で、「実在する、本当のこと」という意味である。アイドルオタク、特に腐女子の中で広く使われている。

中華アイドルオタクの中には、カップリング厨（アイドル同士をカップルとして見立てる人）が相当数いる。アイドル本人が投稿したツイートや、出演番組、各種イベント中のささいな言動から、二人が本当にできている手がかりを必死に探し、証明しようとする。証拠となるものを発見した際の決まり文句として「○○ is rio！」が用いられる。○○にはカップリングの名前が入る。

例：ファンの SNS への投稿

胖达暴走中
1月10日 12:00 来自 微博 weibo.com

看了这期的综艺真是让我这个 CP 粉打了鸡血。上节目也依然毫不在意别人合唱时的相互对视温情脉脉！游戏互动环节明显偏向对方！还趁镜头在别人身上的时候咬耳朵！简直！我跟你港！凯源 is real！
（今回二人が出演したバラエティー番組を見たけどもう最高すぎる。まるで二人っきりの世界にいるようにデュエットするときに熱く見つめ合い！ゲームコーナーもお互いにフォローし合って、カメラが回していないときはひそひそ話して…もう…やっぱ彼らはできてるって！）

102 扶贫 [fúpín]

フー　ピン

分　動詞

意味

運営が主導しグループ内の人気差をなくすこと

解説　「扶贫」は本来、中国政府が主導し、貧困家庭・貧困地区に対して援助する、国の経済政策のひとつである。転じて、運営側が主導し、グループ内の人気差をなくすために、人気のあるメンバーと人気のないメンバーを共演させるなど、抱き合わせ販売のような対策を行うことを指す。

103 top ／ back

トップ　　　　　　　バック

分　名詞　類　ace ／洗脚婢

意味

人気最上位／最下位

解説　グループ内で最も人気のあるメンバーを「top」、人気のないメンバーを「back」という。「top」は「ace ＝エース」に置き換えることも可能である。

　AKB 系アイドルオタクの場合、「back」の代わりに、「洗脚婢 (xǐjiǎobì)」を使うことも多い。「洗脚婢」とは、古来お嬢さまの足を洗った使用人のことを意味しており、転じて、運営に干されたメンバーのこと指す。ルックスがよくて実力もあるのに運営に推されない、という残念な気持ちを表したいとき、この言葉を使うことが多い。

5章　アイドルオタク用語

例：SNS への投稿

胖达二号机
1月10日 12:00 来自 微博 weibo.com

这次音乐节活动，竟然只有队内 **top** 和 **back** 出席，明显**扶贫**。
（今回の音楽フェス、グループ人気一位と最下位を一緒に出席させるのは、絶対抱き合わせ販売や）

104 亲女儿／儿子 [qīnnǚ'ér/érzi]

[分] 名詞　[類] 运营亲女儿／儿子

意味

運営に推されたメンバー

解説　「亲女儿／儿子」は、本来は「実の娘・実の息子」の意味である。転じて「運営に推されているメンバー」のこと。「運営」の中国語である「运营（yùnyíng）」を省略せずに付け加えた、「运营亲女儿／儿子」という使い方もある。最初は AKB 系ファンが使いはじめたが、最近は男性グループに対して使うオタクも増えてきた。

例：運営アンチの SNS への投稿

新・胖达
1月10日 12:00 来自 微博 weibo.com

运营这各种塞资源的强推势头只能让人说不愧是**亲女儿**。其他人只有当**洗脚婢**的份儿
（運営のゴリ押しやばすぎる。さすが秋 P 好みの顔っていうか。ほかのメンバーはもう干されるしかないな）

105 糊 [hú]

[分] 形容詞、動詞　[類] 过气、flop

> 意味

写真のピントがぶれぶれの様子
人気がなくなったこと

> 解説　「糊」はふたつの意味がある。形容詞として使うときは、同じく形容詞「模糊（móhú）」の略であり、撮影された写真のピントがぶれぶれではっきり見えない様子を指す。程度を表す「高（gāo）＝ひどく、非常に」と一緒に使うことが多い。

例1：写真投稿の説明

今天在大学图书馆附近竟然偶遇我大本命！好像是新校园剧的拍摄！周围工作人员太多加上我激动得手抖只能献上**高糊**的一张…不过糊得不行也依然可以看出我大本命的惊世美颜！
（今日大学図書館の近くで大本命と遭遇！どうやら新学園ドラマの撮影らしい！周りにスタッフさんがたくさんいて私も超うきうきしたから写真がぶれぶれに…それでも！大本命の美しすぎる顔がわかるの！）

「糊」を動詞として使うときには、人気がなくなることを意味する。英語の「flop＝落ちる」の発音が由来で、一般的には相手の推しをディスる文脈で使われる、攻撃的な表現である。

例2：ファン同士の喧嘩

我家爱豆现在正 red 到不行，看看你家，都已经**糊**穿地心，还 diss 我们，脸也是 real 大
（推しが只今絶賛人気上昇中！あんたのとこは人気がた落ちなのに、うちの推しをディスるなんていい度胸だな）

我们家一心做数据哪有时间 diss 你们，明明是自己给自己加戏也真是够了
（今うちら全員新曲の再生数を増やすのに忙しい。あんたの推しを dis る時間なんかないよ。自演乙）

6章　大人向けオタク用語

106　**0／1** [líng/yī]
リン　イー

介 名詞　類 受／攻、同志、玻璃、兔子、基佬、钙　白

意味

受け／攻め

解説　男性同士の恋愛における女役・男役を示す言葉である「受け＝受 (shòu)」と「攻め＝攻 (gōng)」は腐女子言葉で、実際のゲイコミュニティー中では「0」が受け、「1」が攻めを指すことが多い。日本語でいう「ネコ、タチ」の使い方に近い。

　類義語として、「同志 (tóngzhì)」「玻璃 (bōli) ＝ガラス」「兔子 (tùzi) ＝うさぎ」「基佬 (jīlǎo)」「钙 (gài) ＝カルシウム」があるが、それぞれのニュアンスはだいぶ違う。「同志」はオフィシャルの場で使われる言葉であるが、「玻璃」や「兔子」は方言で差別的なニュアンスが含まれ、最近のインターネット上ではあまり使われていない。「基佬」は、もとは 1980 年代に香港の映画で使われた言葉で、英語の Gay を広東語で発音したものである。映画と共に大陸のほうに伝わってきたが、インターネット上で広く使われるようになったのは最近のことである。差別用語ではなく、硬い表現でもないので、ゲイの方々も一般人も、日常会話やチャットの中で使っている。最後の「钙」は英語のGay の発音からである。「钙」の本来の意味は「カルシウム」で、GV (gay adult video) は「钙片 (gàipiàn) ＝カルシウム錠」とも呼ばれる。この「片」には「ビデオ」と「錠」の両方の意味がかかっている。

107 H
エッチ

[分] 名詞、動詞、形容詞　[類] 变态　[派] 8字母　[台]

意味
日本語のHと同じ意味

解説　日本のエロアニメの影響で、中華オタクたちも「H」という言葉を理解し、日常的に使っている。その語源となる「变态 (biàntài) =変態」も同じくなじみ深い言葉である。「H」はアルファベットの8番目の文字なので、隠語として「8字母 (bā zìmǔ)」がある。ただし中国では、日本語の動詞としての使い方よりも、名詞・形容詞としての用例が多く見受けられる。

例：腐女子同士の会話

　松冈的受音真的是太H啦///
（松岡さん受け声マジエロい///）

嗯呢特别是和小攻第一次H的那里里哭声炒鸡可爱感觉幻肢要硬///
（わかるわかるー。特にはじめてのHシーンの泣き声が
かわいすぎて、心のちん〇んが〇起しそう///）

108 YY [wāiwāi]
ワイワイ

[分] 動詞　[類] 脑补、脑洞　[派] 歪歪、YY文　[台]

意味
妄想、自己満、自己暗示

解説　出典は中国の古典作品「紅楼夢」で、本来は「性的妄想」を意味している「意淫 (yìyín)」のピンインの頭二文字をとった略称である。中華オタク界隈では、「妄想、自己満、自己暗示」など複数の意味で使われることが多く、文脈から判断する必要がある。「妄想」は中国語でも通じるが、中華オタクたちは「脑补 (nǎobǔ)」や「脑洞 (nǎodòng)」をより多く使用している。「脑补」は動詞で、日本のオタク用語の「脳内補完」（不足する情報を脳内で想像し補完すること。別項目「脳内補完」[163]参照）を略した言葉である。「脑洞」は「脑补」から派生した名詞で、日本語の「妄想力」に相当する。

　「YY」の派生語として、発音を中国語に書き換えた「歪歪 (wāiwāi)」や、現実離れした内容で、作者自身の欲望やエゴを満足させる文章を指す「YY 文 (wāiwāiwén)」がある。「YY」およびその派生語の使い方は、以下の用例を参考にしてほしい。

例1：オタク同士の会話

炮姐我老婆！
（美琴ちゃんは俺の嫁！）

又 **YY** 了，反正女主哪个都是你老婆www
（妄想乙ww どうせヒロイン全員お前の嫁やろww）

例2：腐女子同士の会話

我觉得我们老板和秘书肯定有一腿！
（うちのボスと秘書さんは絶対にできてるって！）

你又在**脑补**什么hhh
（何妄想してるの www）

你不觉得老板最近笑容变多了么！还有上次他们单独开会在会议室里，出来时候两人脸上都有不自然的红晕…
（だって最近ボスの笑顔が増えたし！この間だって二人きりのミーティングやっててさ、会議室から出たときの顔が妙に赤くてさ…）

你脑洞也太大了吧 hhh
（すごい妄想力だな www）

例 3：SNS への投稿

胖达@ NERV
1月10日 12:00 来自 微博 weibo.com

最近无聊看了一些轻小说，一开始还好后来觉得都是死宅看的 YY 文，一个套路没意思
（最近時間つぶしにラノベを読んでみた。最初はまあまあ面白かったけど結局全部ワンパターンだしオタクの妄想を満たすものでしかない）

109 Yoooo
　　ヨー

[分] 語気助詞

意味

アッー！

解説　元ネタは YouTube でアップロードされた動画「Don't watch an anime called boku」【01】である。動画の内容は、うp主（動画をアップロードした本人）が、友達から「boku」というタイトルの動画をもらったことから始まる。それは新手のポルノかと思いきや、女装している男の子、いわゆる男の娘のエロアニメであった。うp主は衝撃のあまり「Yoooo」との奇声をあげたが、なぜか謎の衝動に駆られてついつい見てしまい、新しい性癖に目覚めてしまった。そしてうp主は最後に「絶対『boku』という動画を見ないでくれ」と警告を発する。それがこの動画のタイトルでもある「Don't watch an anime called boku」。元ネタとなった動画は英語だが、翻訳されて中華オタクの中で広く知れ渡り、それ以来、男の娘のキャラクターに対して「Yoooo」とコメントするようになった。

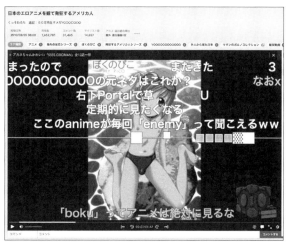

【01】本家 YouTube 版の「Don't watch an anime called boku」は現在アクセス不可となっている。画像はニコニコ動画に転載されたもの。ニコニコ動画以外にも AcFun や bilibili に転載されている。

しかし、新参のオタクはこの元ネタを知らないことが多く、男の娘に対してだけではなく、普通の BL シーンに対しても時々使ってしまい、現在このネタは男の娘のみではなく、広い意味でのホモネタに対して使われる場面が多い。使う際には、後ろの「o」に制限はなく、気持ちによってたくさん増やすことができる。

110　エロ　[gōngkǒu]

分 名詞、形容詞　類 18禁、H、黄爆、污　派 工口漫画、埃罗　台

意味

エロい

解説　日本語の「エロい」は、中華オタクの中でカタカナの「エロ」のみ残して、すっかり定着した言葉である。カタカナをそのまま使用しているのではなく、漢字の「エ」と「口」で表現している。同様に、

日本のアダルトコンテンツ特有の表現である「18禁」や「H」(別項目 [107] 参照) なども中国に浸透している。使い方は日本語とほとんど同じで、名詞か形容詞として使う。

例1：アイドルオタクがSNSへの投稿

量产机胖达
1月10日 12:00 来自 微博 weibo.com
新墙头的颜真是太美了，特别是侧颜的线条炒鸡<u>エロ</u>
（最近ハマったアイドルの顔が美しすぎる。特に横顔のライン超エロいわ）

例2：SNSへの投稿

万事屋的胖达
1月10日 12:00 来自 微博 weibo.com
藏在家里的<u>エロ</u>漫画被父母发现了，现在开始开家庭会议，大家祝我好运（远目
（隠しているエロマンガが親にバレた。今から家族会議なんだけど皆俺の健闘を祈れ（遠い目））

　中国のSNS上では、わいせつ関連用語は検索NGであるため、「エ<ruby>口<rt>ゴン</rt></ruby>漫画 (gōngkǒu mànhuà)」はもちろん引っかかる。そのため、2017年4月に日本で放送されたアニメ「エロマンガ先生」(伏見つかさ作) がbilibiliで流されたとき、タイトルは「エロマンガ」の中国語訳ではなく、発音を中国語に当てた「埃罗芒阿 (àiluō mángā)」に、「老师 (lǎoshī) ＝先生」を付けたものであった【02】。

　「エロ」の少しローカル的な言い方として「黄暴 (huángbào)」や「污 (wū)」がある。「黄暴」は2007年頃から使われているネット用語で、元ネタはテレビインタビューを受けた学生による、インターネット上に氾濫しているわいせつ動画に対しての「很黄很暴力 (hěn huáng hěn bàolì) ＝いやらしくて暴力的」というコメントである。今日では略した言い方である「污」のほうが広く使われている。「污」は比較的新しい言い方で、日本語の「汚い」からきているという説もあるが、中

【02】bilibili の「エロマンガ先生」の番組紹介ページ。「エロマンガ」の発音は当て字「埃罗芒阿」と表記されている。

国語でも同じ漢字があるため、由来は不明である。

　ニュアンスの違いとして、「エロ」はアダルトコンテンツを指す以外にも、身体・しぐさなど性癖に響くことに対して使うことも多く、「黄暴」や「污」は言葉の内容、または思考回路がエロいことを指す。

111 本子 [běnzi]
（ベンズー）

分 名詞　類 同人本　派 ○○本　台

意味

薄い本

解説　日本語のいわゆる「薄い本」（同人誌の隠語）に相当する言葉である。日本語の「同人誌」に相当する言葉として「同人本 (tóngrénběn)」もあるが、より軽い感じがする「本子」のほうが日常会話やチャットの中ではなじみやすい。

　また、同人誌で扱うカップリング・ジャンル・内容の傾向を表す際

には、用例のように「〇〇本」という使い方が広く見受けられる。なお、アニメやマンガを鑑賞する際に、エロい展開を連想しやすいシーンに対して、「赌五毛这里有本子（Dǔ wǔmáo zhè lǐ yǒu běnzǐ）＝5毛（約8円）かけるけど、ここ絶対薄い本が出る」とコメントするのが一般的である。

例：掲示板スレッドのタイトル

📄 求学姐的**抹布本**
（誰かマミ先輩のモブ本持ってない？）　　※モブ＝主要キャラ以外の登場人物

112 胖次 [pàngcì]

[分] 名詞　[類] 蓝白（绿白条纹）　[派] 草莓胖次　🀄

意味

パンツ、萌え属性のひとつ

解説　日本語「パンツ」の発音を中国語に当てた言葉である。

　日本のマンガ・アニメ作品「けいおん！」（かきふらい作）の登場人物である秋山澪が着ていた青と白の縞模様のパンツの影響で、その中国語である「蓝白（lánbái）＝青と白（条纹〈tiáowén〉＝縞模様）」が、ほぼ「パンツ」の代名詞になっている。同様に、日本のマンガ・アニメ作品「いちご100％」（河下水希作）のタイトル「草莓胖次（cǎoméi pàngci）＝いちごパンツ」や、初音ミクの着ている「绿白条纹（lùbái tiáowén）＝緑縞パンツ」も代表的である。

　また、「胖次」は下着の意味であるが、実際の下着を指すよりも、例えば、いちごパンツは幼い子、縞パンは少女、紐パンは年上のお姉さん、というように、萌え属性のひとつとしても認識されている。

　ほかにも、日本語の発音を中国語に当てて定着した言葉はたくさんある。よく知られている言葉として、「欧派（ōupài）＝おっぱい」

「死库水(sǐkùshuǐ)＝スク水（スクール水着）」「布鲁玛(bùlǔmǎ)＝ブルマー」
があげられる。

113 牛头人 [niútóurén]

[分] 名詞、動詞　[類]（戴）绿帽、绿（了）　[台]「NTR」を使用

意味

NTR（寝取られ）

解説　「牛头人」は日本語の「NTR＝寝取られ」を中国語のピンイン入力する際に誤変換して出てくる言葉であり、そのまま「NTR」の代名詞としてオタクの中で使われている。

名詞として使う場合、「NTR」のアニメやマンガ、コンテンツそのものを意味する。動詞の場合、受け身で使用することがほとんどである。以下の用例がある。

例1：SNSへの投稿

胖达初号机
1月10日 12:00 来自 微博 weibo.com

通宵玩民工女友，玩到END简直一口老血，果然这种**牛头人**黄油太过于代入进去是不行的
（徹夜で「ボクの彼女はガテン系」をプレイしててエンディングで撃沈した。やっぱりNTR系エロゲーをまじめにやると傷つく）

例2：SNSへの投稿

胖达二号机
1月10日 12:00 来自 微博 weibo.com

看完了只有我被**牛头人**的街道，加代就是嫁给了路人我都可以接受可特么最后跟了广美，简直。我当你兄弟，你却在我昏迷的时候睡我初恋
（「僕だけNTR街」こと「僕だけがいない街」を見た。加代は最後の最後

モブと結婚するならまだ納得するけど、まさかの広美ルート。親友だと思っていたのに眠り続けている間に初恋の女の子が寝取られててつらすぎる）

「牛头人」と同じ意味で使われる言葉に「戴绿帽（dàilǜmào）＝緑色の帽子をかぶる」がある（別項目「弹幕」[017] 解説参照）。「绿」の一文字でも「NTR」の意味を表すことができる。性的関係や背徳感が重視される「牛头人」と違い、「戴绿帽」はまだ深い関係性に至っていないときから使える。例えば、アニメの中でヒロインが主人公ではない別の男キャラと接触したとき、「男主绿了（Nánzhǔ lǜle）＝主人公が緑になった（主人公が浮気された）」などという。

なお、注意しなければならないのは、アメリカのオンラインゲーム「World of Warcraft」に登場する種族「タウレン」のことも「牛头人」というため、文脈を見て判断する必要がある。

114 **发车** [fāchē]

ファチェア

分 動詞 類 飙车、老司机 派 童车、灵车 台

意味

下ネタを話す、18禁のコンテンツを共有する

解説 「发车＝発車」は車を走らせることである。オタクの中で、下ネタを話すことや、18禁のコンテンツを共有する行為を「发车」といい、類似語の「飙车（biāochē）」も同じ意味である。別項目「dalao」[053] の解説で「老司机（lǎosijī）＝経験豊富な運転手（特にアダルトコンテンツに詳しい人）」という言葉を紹介したが、「发车」した人は「老司机」と呼ばれ、ふたつの単語は同じ文章の中で出てくることが多い。

18禁のコンテンツを共有するとき、自分が閲覧できる年齢に達していることを証明するために、オタク間でしかわからない共通の「合

言葉」「乗車カードを持っているよ」という旨の文章を送ることで、ダウンロードや閲覧のリンクを送付してもらえたりする。以下の用例はそうしたやりとりの一例である。

例1：掲示板のスレッド

楼主「滴滴滴，老司机**发车**了。过一会放个人收集的2017年里番良心作品！」
1楼「滴！绅士卡！」
2楼「滴！学生卡！」
(スレ主「もうすぐ発車するぞー。あとで2017年エロアニメ良作の個人コレクションのリンクをシェアする！」)
(名無しさん1「ピッ！紳士カードで乗車希望！」)
(名無しさん2「ピッ！学生カードで乗車希望！」)

派生語の「童车(tóngchē)＝子供用自転車」は「ショタ、ロリ要素が入った作品」を指し、「灵车(língchē)＝霊柩車」は「死ネタが入っている作品」を指す。この使い方は別項目「本子」[111]の解説で紹介した「○○本」に近いが、「○○本」は薄い本、同人誌の二次創作物に限定される。「○○车」にはこの制限がなく、商業誌などに対しても使用される。

例2：SNSへの投稿

 量产机胖达
1月10日 12:00 来自 微博 weibo.com
黑执事最新一话又是开**童车**又是**灵车**我的心脏有点受不了
(「黒執事」の最新話でシエルの双子の兄弟が黒ミサの集団に辱められたことや、生贄になったことはあまりにも残酷すぎて耐えられない)

115 公车 [gōngchē]

意味

肉○器

解説 「公车／公交车（gōngjiāochē）」は公共バスのことである。誰でも乗れるという意味合いから、日本の18禁同人の中で使われる「肉○器」と同様の意味で、複数の男性と肉体の関係を持つ女性キャラクターのことを指す。

派生語の「公车私用（gōngchē sīyòng）」は、バスを自家用車として使うという意味で、もともと複数の男性と関係を持っていたキャラクターが、主人公に感化されて一対一の恋愛関係になったという状態を指す。その逆のパターンは「私车公用（sīchē gōngyòng）」で、これは「NTR」（別項目「牛头人」[113] 解説参照）と同じ意味である。

---

116 **备胎** [bèitāi]

分 名詞 **派** 备胎男、备胎女、备胎转正 **台**

意味

恋人予備軍

解説 「备胎」は「スペアタイヤ」のことである。常用のタイヤからいざというときすぐ交換できるという意味合いから、現在の恋人と破局してもすぐ乗り換えができる予備の恋人のことを指すようになった。男性の場合は「备胎男（bèitāinán）」、女性の場合は「备胎女（bèitāinǚ）」という。恋人の予備軍から正式な恋人になることは「备胎转正（bèitāi zhuǎnzhèng）」という。「转正」は「本採用」の意味である。

117 大保健 [dàbǎojiàn]

ダー バ オ ジィェン

分 名詞

意味

風俗

解説 「保健」は体の健康を維持するために行われるヘルスケアのことであり、マッサージや鍼治療などたくさんの手法がある。マッサージ店の一部は男性客へ性的なサービスも提供しているため、「保健」が風俗の隠語になった。日本の風俗の「ヘルス・エステ」の意味に近い。体に溜まったものを定期的に発散することは体によく、健康維持ができるという理由で、オタクに限らずインターネット上の男性陣は比較的ノリノリで「大保健」という言葉を使っている。

118 攻略 [gōnglüè]

ゴ ン ルーェ ァ

分 動詞、名詞 台

意味

女性を口説く、ガイド、おすすめ

解説 「攻略」は、恋愛ゲームなどでキャラクターと付き合うまでの努力を指し、転じて現実の女性に対する口説き方のことをいう。日本と同じ意味で一般的に使用される。

また、オタク界隈と離れたところでは、例2のように「ガイド」「おすすめ」の意味で使われることが多いので、文脈に注意する必要がある。

6章 大人向けオタク用語

151

例1：掲示板のスレッド

楼主「喜欢上社团的学妹，求**攻略**法…」
(スレ主「サークルの後輩を好きになったけど、なんて口説いたらいいかな…」)

例2：掲示板のスレッドタイトル

楼主「日本**攻略**！图文教你深度游四国！」
(スレ主「日本四国ガイド！ディープな四国を巡る方法を教える！」)

119 绅士 [shēnshì] シェンシー

分 名詞　**類** 淑女　**派** 绅（hen）士（tai）　**台**

意味

変態

解説　「绅士」の語源は、日本のマンガ・アニメ「ギャグマンガ日和」(増田こうすけ作) に登場するキャラクターのクマ吉くんのせりふである【03】。

　2010年、当時中国伝媒大学の学生四人が吹き替えのグループを作り、「ギャグマンガ日和」の中国語吹き替え版をインターネット上に公開した。原作のせりふに限らず中国各地の方言なども積極的に取り入れた結果、大ヒットとなった。これがきっかけとなってアニメ版「ギャグマンガ日和」が、中国のインターネット上で広く出回るようになった。別のグループが吹き替えた同作の「名探偵

【03】クマ吉くんが「変態じゃないよ。仮に変態だとしても、変態という名の紳士だよ」といったシーン。せりふのインパクトが強かったため、せりふを復唱した投稿が多数。

だぞえ！うさみちゃん」の回も大人気になり、その回でクマ吉くんが発した「変態じゃないよ。仮に変態だとしても、変態という名の紳士だよ」というインパクトの強いせりふが拡散された。それ以来、オタクコミュニティーでは「紳士」が「変態」の代名詞となり、「绅 (hen) 士 (tai)」のような表記も出現した。対応する言葉として、「淑女」があげられる。

2014年、bilibiliで活躍している日本人うp主が、「绅士大概一分钟 (shēnshì dàgài yī fēnzhōng) ＝紳士だいたい1分間」という日本のサブカルチャーを紹介する番組を配信し、「紳士＝変態」という使い方がさらに広がったと考えられる。

120 补魔 [bǔmó]

分 名詞　類 啪啪啪、滚床单、...etc.　白

意味
性行為

解説 「补魔」はオタクの中で主に使われている性行為の隠語である。日本語でいうと「魔力供給」となる。元ネタは日本の18禁ゲームおよびテレビアニメの「Fate/stay night」（TYPE-MOON発売・奈須きのこ原作）【04】である。作品の世界観では、マスター（魔術師）が歴史上の英雄を召喚し、自分のサーヴァント（「使い魔」的なもの）として戦わせる。マスターは魔術的パスという経路を通じてサーヴァントに魔力を供給する必要があるが、それができなかった主人公衛宮士郎が、サーヴァントのセイバーに対し体液の交換により直接供給するという展開があったため、「补魔」が「性行為」を指すようになった。ちなみにアニメ版は全年齢向けなので、上記のシーンは改編された。

前述のとおり、中国はインターネット上のわいせつ関連用語に対す

【04】愛奇芸の番組紹介ページ。手前中央が衛宮士郎、後方中央がサーヴァントのセイバー。「Fate/stay night」の正規放送権は愛奇芸、Tencentと複数の動画サイトが所有している。

る規制が厳しいため、直接的な表現を避けた隠語がたくさん生まれた。すべて説明することは難しいので、いくつかの代表的な言葉を類義語として記載した。すべて説明することは難しいので、メジャーな類義語をふたつ記載した。類義語の「啪啪啪（pāpāpā）」は体がぶつかり合う音を表現する言葉で、日本語でいう「パコパコ」の意味に近い。もうひとつの「滚床单（gǔnchuángdān）」はシーツ上で転がること、ゴロゴロすることで、同じくセックスを暗喩する言葉である。

121 下海 [xiàhǎi]
シァハイ

意味
職業の転換

解説　「下海」は本来「安定した職業を捨てて新しい商売をはじめること」を指す。中華オタクの中では、職業の転換という意味から派生し、芸能人やアイドルがAV女優に転身することに使うことが多い。なお、腐女子の中では、少女マンガの作家がBLマンガデビューしたり、男

性声優がBLドラマCDに出演したりすることもいう。

例：腐女子同士の会話

新条真由太太**下海**画BL了你们知道吗？…
（新條まゆ先生がBLデビューしたって知ってる？…）

新条真由？霸王爱人的那个？
（新條先生？あの「覇王♥愛人」の？）

对！就是她，我好生期待直接去啃了生肉
（そうそう。期待しすぎて翻訳版を待ちきれなくて日本語版を見てみた）

哦哦哦！怎么样？
（おおお、どうだった？）

受除了性别其他地方都跟以前作品中的女主一样…
（乙女受けすぎて今までのヒロインと大して変わらない…）

竟然是平胸受…好雷…
（やだ…それ地雷…）

122 幻肢 [huànzhī]
ファンヂー

分 名詞　派 幻肢痛

意味

心のお○ん○ん

解説　「幻肢」は、本来は医学用語で「存在しない手や足が存在するように感じること」を指すが、腐女子の中で「心のお○ん○ん」の意味で使われている。派生語の「幻肢痛 (huànzhī tòng)」は、推しのしぐさなどに対して性的興奮を覚えて、本来ないはずのお○ん○んがうず

うずすることを指す。

例：腐女子同士の会話

话说「独占我的英雄」的最新话你看了没！
（「ひとりじめマイヒーロー」の最新話見た？）

看了看了！最后一话的正广简直小天使…
求婚那段看得我老泪纵横
（見た見た。最終話の正広は天使すぎるわ…プロポーズのところ超感動）

嗯嗯！不过动画版就这么完结了好寂寞 TUT
（だよね！でもアニメ版はそのまま完結しちゃったから寂しいよ（泣））

快去追漫画啊！最新一话正广主动出击了哦，
可爱到爆，看得我幻肢要硬（）
（今すぐマンガ版を見るべき！最新話は正広が誘うのよー。
かわいすぎておかし（ry））

123 后宫 [hòugōng]

分 名詞　類 男后宫、逆后宫　派 后宫动画／漫画、正宫、后宫起火
台

意味

ハーレム

解説　「后宫」は「ハーレム」の中国語である。アニメやマンガの
ジャンルを表す「ハーレムもの」は、一般的に「后宫动画 (hòugōng
dònghuà) ＝ハーレムアニメ」や「后宫漫画 (hòugōng mànhuà) ＝ハー
レムマンガ」と表記する。

一方、一人のヒロインが多数の男性キャラクターに囲まれるもの
は「男后宫 (nánhòugōng)」という。日本語の「逆ハーレム」を中国語

156

にした「逆后宮（nìhòugōng）」も使われるが、中国では「男后宮」のほうが広く使われている印象である。「后宮」は中国の歴史上に実在したものであり、時代劇の中でもよく取り上げられているため、ひとつのジャンル名として抵抗なく定着している。また、時代劇の中でのハーレムにまつわる言葉も、アニメやマンガのハーレムものに対して使われるようになった。例えば、「正妻」と同義の「正宮（zhènggōng）」や、修羅場を意味する「后宮起火（hòugōng qǐhuǒ）＝ハーレムに火事」などがある。

124 能干 [nénggàn]

分 形容詞 台

意味

やれる

解説　「能干」は「仕事ができる、有能」という意味であるが、「能」は助動詞として「○○ができる」、「干」は動詞として「F○○K」の意味を持つため、「やれる」という解釈もできてしまう。

例：SNSへの投稿

胖达二号机
1月10日 12:00　来自 微博 weibo.com
有个**能干**的妹妹真好，羡慕悠哥…
（何でもやってくれる妹（意味深）がいていいな。「ヨスガノソラ」の春日野悠、羨ましい…）

125 脱团 [tuōtuán]

分 動詞 台

6章　大人向けオタク用語

157

意味

誰かと交際しはじめる

解説 「脱団」とは「団体から離脱する」こと。この団体は当初、日本のギャグマンガ「行け！稲中卓球部」（古谷実作）に出てきた、カップルを邪魔する「死ね死ね団」を指したが、その後「バカとテストと召喚獣」（井上堅二作）に出てきた非モテ集団「FFF団」も吸収されるようになった。独身のオタクは「団員（tuányuán）＝団員」で、独身から誰かと付き合い始めると「団」から離脱して「脱団」になる。なお「死ね死ね団」の中国語「去死去死団（qùsǐqùsǐtuán）」は台湾発祥の翻訳であり、その後インターネットを経由して大陸側に広がった。

例：SNS への投稿

> 新・胖达
> 1月10日 12:00 来自 微博 weibo.com
> 下周就是圣诞节了然而我还没有**脱团**…
> （来週はクリスマスやけど、ワイ、今年もぼっち確定…）

126 我社保 [wǒshèbǎo]

類 我射爆 台

意味

爆発的に射精した

解説 「我社保」の元ネタは中国のスマホゲーム「アズールレーン」（Manjuu Co.ltd・Yongshi Co.ltd 共同開発、日本でも配信されている。以下「アズレン」）の用語としておなじみの「我射爆（wǒ shèbào）＝爆発的に射精した」である。「社保」は「射爆」の発音と似ていて、社会保険の意味である。

同じ意味だが、少し婉曲的な表現になる。筆者の観察する限り「我社保」を使用するのは女性オタク率が高い。やはりもとの言葉がやや下品だからであろう。

元ネタの「我射爆」は、ゲーム実況の生主（生放送の配信者）発の言葉であり、一般的に自分の性癖に刺さるキャラクターに対して使う。ただし、言葉が広く知られるようになり、用例のように性的な要素と関係のない、汎用的な「燃える」としての使い方もたまに見られる。

「我射爆」は最初はアズレン用語ではなかったが、中国のユーザーがアズレンのゲーム内のチャットで使っていたことが日本人の目に留まり、パワーワードすぎることから日本のアズレンユーザーの中でも意味と共に認識されるようになった。また、Twitter 上で活躍している何人かの絵師が二次創作をするとき、偽中国語で「射爆確定」「謝謝茄子」などとツイートしたため、日本国内での拡散に拍車をかけた。

例：アニメオタクの SNS への投稿

胖达＠ NERV
1 月 10 日 12:00 来自 微博 weibo.com
灵能 5 话，骨头社神仙级作画，**我他妈社保**！！
（モブサイ 2 期 5 話、ボンズの神作画たまんねぇええ！！）

127 杀必死 [shābìsǐ] シャビース

分 名詞　類 福利　台

意味

サービス、サービスシーン

解説

「杀必死」は日本語の「サービス」の発音の当て字として知られるオタク用語で、意味・使い方とも日本語の「サービス回」「サービ

スシーン」の「サービス」と同様である。中国語的な言い方にしたいなら「福利（fúlì）」を使用するといい。「無償で提供されるプレゼントや特典」という言葉の意味から転じて「サービス」と読み取れるため、中華オタクに頻繁に使われている。

128 痴汉 [chīhàn]

[分] 名詞、動詞、形容詞 [派] 痴汉脸、痴汉笑 [台]

意味

痴漢、一途、粘着

解説 「痴汉」は中国語にある言葉で、本来は古典作品に出てくる「不器用で一途な男」を指すことが多かった。日本語のアダルトコンテンツで「痴漢」や「ストーカー」などの言葉が中国に伝わり、本来の意味と新しい意味が結合した。どちらの意味かは文脈から判断する必要がある。

一般的に、「电车痴汉（diànchē chīhàn）＝電車での痴漢行為」のように交通手段との組み合わせであれば、日本語の「痴漢」と同じ意味となる。動詞としては「痴汉○○」（○○にはタレントやキャラクターの名前が入る）となり、○○だけフォーカスすること、性的な意味、粘着質な意味が含まれる。形容詞としての「痴汉」は、名詞・程度副詞と接続して使う場合が多く、例えば、「痴汉笑（chīhànxiào）」や「痴汉脸（chīhànliǎn）」として、満足したオタクの笑い、またその顔を指す。中国語の「花痴（huāchī）＝目がハート」のイメージに近いと思われる。用例は日本語と違う使い方をピックアップして紹介する。

例 1：SNS への投稿

量产机胖达
1月10日 12:00 来自 微博 weibo.com

本来是冲着小栗旬的银时去看的银魂剧场版结果全程**痴汉**柳乐优弥的副长
（小栗旬さんの銀時を目当てに「銀魂」実写版を見に行ったけど、結局柳楽優弥さんの副長ばかり見てた）

例 2：SNS への投稿

胖达@香香推
1月10日 12:00 来自 微博 weibo.com

A团的巡演 BD 终于寄到啦，和好基友一边看一边全程**痴汉**笑
（嵐の全国ツアーのブルーレイがやっと届いたよ。同じ嵐ファンの友達と一緒に目をハートにしてずっとニヤニヤ見ていた）

7章 オタク的四字熟語

129 喜闻乐见 [xīwénlèjiàn]
シーウェン ラ ジィェン

類 好评如潮

意味

人々が喜んで聞き楽しんで見るもの、文芸作品

解説 「喜闻乐见」は本来、「庶民に大いに歓迎されるものを評価する」という意味の四字熟語であり、特定の文芸作品を指すものではなかった。中華人民共和国が建国された当時、国務院総理（首相）を務めた周 恩来（しゅうおんらい）がこの言葉を使い、「中華人民共和国文化部」（略して「文化部」。別項目「焚化部」[フェンファブー] [067] 解説も参照) へ辛口なコメントをしたことで広く知られるようになり、文芸作品を評価する際に使用する言葉として定着した。

「喜闻乐见」はオタクに限らず使用する言葉だが、オタクがこの言葉を使用する際には、本来の意味よりも、サービスシーンや都合のよい展開への期待を表している。用例を参照してほしい。

例1：アニメへのコメント

胖达二号机
1月10日 12:00 来自 微博 weibo.com

男主的幼驯染之男2果不其然女装然后加入男主的后宫了，真是**喜闻乐见**的展开
（主人公の幼なじみの友人はやっぱり女装してハーレムの一員に。なんという俺得の展開）

「喜闻乐见」という四字熟語は、今までいくつかの日本のネットニ

ュースで紹介されたことがある。その際、この言葉を新しい造語と勘違いしている記事があったが、実際には中国古典にも登場する言葉で、ネットユーザーによって作られたわけではない。

ほぼ同じ使い方をする四字熟語に、「好评如潮（hǎopíngrúcháo）」がある。「好評価」という意味で、以下のような用例をよく見かける。

例2：ゲーム掲示板のコメント

这次国服活动的新礼装好棒，特别是黑杯布姐，简直**好评如潮**
（今回中華鯖キャンペーンの新礼装がなかなかいい。特に黒聖杯のブリュン、マジやばい）

130 口嫌体正直 [kǒuxián tǐzhèngzhí]

類 傲娇、蹭得累 **台**

意味

口では嫌だと言っても体は正直なものだ

解説 「口嫌体正直」は日本のエロアニメなどでおなじみのせりふ「口では嫌がっても、体は正直だな」の、漢字だけをピックアップして作られた言葉である。最初はエロアニメに限定して使われていたが、最近はそれほど性的な意味はなく、ツンデレのキャラクターに対して使われる。

ツンデレが中華オタクの中で萌え属性のひとつとして認識されたのは、日本の四コママンガ・アニメ・ゲームの「らき☆すた」（美水かがみ作）の登場人物である柊かがみである。その後、ツンデレキャラクター役で有名な声優の釘宮理恵がCV（キャラクターボイス）を担当した一連のツンデレキャラによって、爆発的に人気を得た。

類義語の「傲娇（àojiāo）」は、中国語で傲慢を意味する「傲」と愛嬌を意味する「娇」の組み合わせで、日本語のニュアンスを最大限生

かしている。また日本語の発音を当てた「蹭得累(cèngdélèi)」も、中華オタクの中で広く使われている。「傲娇」は浸透しすぎて一般人にも使用されているが、「ツンデレ」ではなく「傲慢な態度」とよく意味を間違えられている。新聞などのネット媒体以外でこの単語を見かけた際には、どちらの意味か文脈で判断する必要がある。

　ちなみに、中華オタクがどのようにしてこうした属性を認識するのだろうか。例えば、図は「らき☆すた」の動画上部に解説が表示されている【01】。これは「字幕組」(別項目［009］参照)によるもので、ツンデレの語源、代表するキャラクターを説明している。「字幕組」の全盛期には、このようにネタ要素が多いアニメ(「銀魂」〈空知英秋作〉、「這いよれ！ニャル子さん」〈逢空万太作〉、「さよなら絶望先生」〈久米田康治作〉、「じょしらく」〈久米田康治原作、ヤス作画〉など)に対し、画面上で解説を行うことが基本であった。筆者も含め、これらの字幕からオタクの教養を身につける人は少なくなかった。正規放送が進んでいる現在では、公式翻訳の字幕には解説がほとんどないため、解説は有志者によるコメント投稿という形になっている。

【01】「らき☆すた」8話、主人公の泉こなたが名言「あかん！ツンデレはツインテールが基本なんや」を発したシーン。画面下部にあるキャラクターのせりふ「ツンデレ」は「傲娇」と訳されており、画面上部には「ツンデレ」の解説が表示されている。

例1：SNSへの投稿

胖达减肥中
1月10日 12:00 来自 微博 weibo.com

双十一想着不能买不能买，结果还是没有忍住诱惑各种买买买，该说是**口嫌体正直**么
（11月11日の買い物祭り、買わないようにしたかったけど結局誘惑に負けてしまい爆買いしちゃった。口では嫌がってるけど、体は正直だなっていえばいいか）

例2：アニメのシーンに対するコメント

「这简直是教科书般的**傲娇** 23333」
（「教科書通りのツンデレだwww」）
「**傲娇**有三宝，巴嘎，无路赛，变态！」
（「ツンデレ三拍子、バカうるさい変態！」）

131 前方高能 [qiánfāng gāonéng]
チィェンファン ガ オ ノン

類 前方核能、高能预警

意味

来るぞ来るぞ、ざわ…ざわ

解説 「前方高能」は「前方高能反应（qiánfāng gāonéng fǎnyìng）」を略した言い方である。直訳すると「前方から高エネルギー反応」となる。日本のニコ厨（ニコニコ動画の中毒者）がよく使う、「来るぞ来るぞ来るぞ」や「ざわ…ざわ」に近いニュアンスである【02】。元ネタは「ガンダム」や「ヱヴァンゲリオン」など諸説あるが、中国ではやり出した時期（2010年前後）を考えると、映画「ヱヴァンゲリオン劇場版：破」（庵野秀明作）の影響と推測される。

基本的にはアニメを鑑賞する際、急展開の予感に胸騒ぎがするような場面で使うコメントだが、特に規定はなく、さまざまなシチュエーションで使える。例えば、強敵を倒すのに主人公が今まで使ったこと

拡大

【02】「前方高能」コメントの例。「モブサイコ100Ⅱ」5話、主人公モブが強大な敵を倒すため変身した。変身シーンの作画、変身後のイメージがあまりにも強烈すぎて「前方高能」と連呼するユーザーが続出。

のない新必殺技を披露した場面や、今まで可愛い女の子だと思っていたキャラクターが実は男だったと判明した瞬間や、主人公がヒロインに告白しカップル成立したハッピーエンドの場面など、これらのシーンのいずれに使っても違和感はない。

似たような単語として、「前方核能(qiánfāng hénéng)＝前方から核エネルギー反応」「高能预警(gāonéng yùjǐng)＝高エネルギー警報」がある。bilibiliなどの動画サイトでよく見かける組み合わせとしては、用例を参照してほしい。

例1：アニメのシーンに対するコメント

前方侦测到不明级别**的高能**反应！请非战斗人员迅速撤离！
（前方に高エネルギー反応を観測！非戦闘員は緊急退避！）

例2：ホラー映画のシーンに対する一連のコメント

「**前方高能**预警！」「加厚弹幕！」「我也来加！」「感谢弹幕护体！」
（「前方ホラー警報」「弾幕でホラーシーンかぶるぞ！」「かぶるぞ！」「弾幕感謝！」）

7章 オタク的四字熟語

132 空降成功／失敗 [kōngjiàng chénggōng/shībài]

意味
OP飛ばしが成功／失敗

解説 「空降」は本来は軍事用語で、「エアボーン（落下傘降下）」を意味する。中華オタクの中では、オープニング曲を早送りで飛ばして、直接アニメ本編を見る行為を意味する。OP（オープニング曲）が終わり、本編がはじまる時間ぴったりに着陸（再生）することを「空降成功」といい、失敗した場合は「空降失敗」という。bilibiliやAcFunでは、長編アニメ、特に何クールもOPを変えないアニメを視聴する際には、OPが終わった直後にたくさんの「着陸成功／失敗」というコメントが流れる。また、「本編はxx:xxから」など、着陸ポイント（本編の再生開始時間）を示すコメントもよく見かける。

コメント機能のない動画サイトでも、「OPを飛ばしましょうか」というポップアップが出るぐらい、中華オタクの中でOP飛ばしというのは日常的な行為である。そのため「飛ばせないOP」ということは、

拡大

【03】bilibiliで放送された中国国産アニメ「非人哉(フェイレンツァイ)」のオープニングシーン。「OP（オープンニング）は飛ばせない」という旨のコメントが多数投稿された。

オープニングの曲や演出が秀逸であるという最大の賛辞となり、「このアニメだけは絶対飛ばせない」「飛ばせない人挙手」「OP を見るために来た」というようなコメントもたくさん投稿される【03】。

133 大丈夫萌大奶 [dàzhàngfū méngdànǎi]
ダーヂャンフーモンダーナイ

台

意味

大丈夫だ問題ない、男なら巨乳に萌える

解説 日本の死亡フラグとしておなじみのせりふ「大丈夫だ、問題ない」の、前半の漢字「大丈夫」を残し、後半の日本語の発音「もん・だい・ない」を「萌・大・奶」と中国語に当てたものである。「大丈夫」という言葉は、中国語では本来「立派な男」「漢」を意味するため、「大丈夫萌大奶」は「男なら巨乳に萌えるに決まっている！」的なニュアンスも持つようになった。インターネット上でおっぱいの画像や動画が出現した際、男性オタクがよく発する言葉である。

134 文明观球 [wénmíngguānqiú]
ウェンミングァンチィゥ

派 带球撞人

意味

マナーを守って巨乳を鑑賞しよう

解説 「文明观球」は、巨乳キャラクターのサービスシーンに必ず投稿されるコメントである。文字の意味は「マナーを守って、ボールを見ましょう」となり、実際のサッカーの試合での呼びかけだが、ここで

いう「ボール」は「巨乳」の隠語である。

　派生語の「帯球撞人（dàiqiú zhuàngrén）」も本来はバスケットボール用語で、ボールを持った者が相手にぶつかっていく反則行為を指すが、男性向けアニメに限定する場合、女の子が主人公にぶつかってしまい、胸があたってしまうことをいう。

135　単／双手打字 [dān/shuāngshǒu dǎzì]

意味

自慰している／していない

コンテンツのエロさを称賛

解説　サービスシーンやエロ動画でよく見かけるコメントである。自慰していないことを申告する際には「双手打字」、つまり「両手でタイピングしているから大丈夫だ」と自らの無実を証明する。その逆は「単手打字」である。しかし、「単手打字」は本当に自慰を申告しているというよりも、コンテンツのエロさを称賛する「これシコれる！」的なニュアンスも含める。

136　官逼同死 [guānbītóngsǐ]

類 官逼民腐　**台** 略語は使わないが元となるフルバージョンは使用

意味

公式が最大手

解説　「官」は「公式、オフィシャル」、「同」は「同人」を指す。「官

逼同死」は文字通りの意味だと「公式は同人を死に追いやる」、すなわち同人いらずなほど公式が萌えることを表し、日本語の「公式が最大手」という言葉に相当する。日本語と同じく、BLや百合に限定して使用される場合が多い。

例：腐女子同士の会話

最近被本命 CP 虐得心肝疼 QAQ
（最近推しカップリングの展開がつらすぎて泣きたい）

要不要爬墙来我 YOI？你看了就知道啥叫**官逼同死**发糖发到飞起，什么身体接触都是小意思，接吻啊结婚梗都有。同人都赶不上官方的脚后跟
（じゃ「YOI」見てみたら？まさに公式が最大手で毎回腐女子が爆死するほどのネタを投入してくる。スキンシップどころか、キスやガチの結婚展開もあるぜ。マジで同人がやることなくなるよ）

听起来好诱人我要去治愈一下我自己 QAQ
（何それパラダイスなの？自分を癒やすために見てみよう（泣））

137 徳芸双馨 [déyìshuāngxīn]

意味

道徳と芸の才能が共に優れている

解説 「徳芸双馨」は本来「道徳と芸の才能が共に優れている」的な意味であり、芸術家を評価する際に使用する言葉であるが、最近は蒼井そらさんをはじめ、AV女優に対して限定的に使うことが多い。AV女優のプロ精神および人格を肯定する一方、社会的には立派に振る舞っているのに裏で不祥事を起こす「芸術家」や「芸能人」への皮肉にもなっている。

138 瞎了狗眼 [xiāle gǒuyǎn]

シァラ ゴウィェン

類 狗眼已瞎、亮瞎狗眼 **台**

意味

目が、目がぁ～！

【04】「瞎了狗眼」の元ネタとなったインターネットミーム。

解説 「瞎了狗眼」は、インターネット上で、目に悪いものを見てしまったときの、自分自身の衝撃を表すためによく使用する言葉である。文字通りの意味だと「犬の目が見えなくなった」となるが、この「狗眼」は本当の犬の目ではなく、自身の目を自虐的に例えたものである。目を隠した犬のインターネットミームが元ネタ【04】。シチュエーション的には、映画「天空の城ラピュタ」（宮崎駿作）の終盤、まぶしい光によって視力を失ったムスカ大佐のせりふ「目が、目がぁ～！」に極めて近い。ちなみに、日本では「狗」の漢字はあまり使わないが中国は逆で、ペットなど一般的な「イヌ」であれば「狗」の漢字を、生物学的な「ケン」であれば「犬」を用いる。

類義語の「狗眼已瞎 (gǒuyǎn yǐxiā)」は、言い回しは違うが意味は同じである。そのほか、「亮瞎狗眼 (liàngxiā gǒuyǎn)」には、「ラブラブのカップルがまぶしすぎて独り身として直視できない」という意味もある。

例1：腐女子のSNSへの投稿

 胖达@香香推
1月10日 12:00 来自 微博 weibo.com

他们俩站在一起真的有一种蜜汁CP感，互相对视时眼中的爱意简直电光四射**亮瞎**我的**狗眼**
（彼ら二人が一緒にいるとき放つカップリングオーラや見つめ合うときに隠せない愛の光、どれもすてきすぎてもう直視できないよ）

172

日本で「犬」といえば、忠実・従順などプラスのイメージが強いと思うが、中国語で「犬」と付く言葉は、十中八九マイナスのニュアンスが含まれている。この言葉の「狗眼」は、俗語の「狗眼看人低(Gǒuyǎn kànrén dī)」からきている。いわく、犬はぼろを着ている人を見るとほえる特性があるため、「権力や財力に媚びる人は権力・財力を持たない人をバカにする」という意味で使われる。

　中国のインターネット上では、犬の奴隷根性・卑しさ・自主性の欠如など、よくない特性を取り入れた造語がたくさんある。よく見る使い方として、「狗」の前に職業を修飾語として置くものがある。例えば、ITエンジニアは「ＩＴ狗 (IT gǒu)」、金融業界に務める人は「金融狗 (jīnrónggǒu)」という。社会人だけではなく、大学生も「大学狗 (dàxuégǒu)」や、専攻の違いで「文科狗 (wénkēgǒu)」「理科狗 (lǐkēgǒu)」「工科狗 (gōngkēgǒu)」などという。また、独身者が「単身狗 (dānshēngǒu)＝独身の負け犬」というなど、いずれも自虐として用いられる（別項目「发糖」[089]解説参照）。

　もうひとつ、「狗」に関して汎用的な使い方に「累成狗 (lèichénggǒu)」という言葉がある。動詞の「累 (lèi)＝疲れる」に、結果補語の「成 (chéng)＝なる」を加え、「疲れすぎて犬のようになった」という意味を表す。以下はその用例である。

例2：SNSへの投稿

新・胖达
1月10日 12:00 来自 微博 weibo.com

感觉体力真是大不如从前了，前几年平日加班**累成狗**周末都满血复活各种wota活，现在周末只想在家里躺尸
（体力が本当に落ちたな。ちょっと前だと残業でしんどくても土日になると回復してオタ活ができたのに、最近の週末は家でのんびり過ごす以外何も考えていない）

7章　オタク的四字熟語

173

139 粉丝滤镜 [fěnsī lǜjìng]

フェンスーリュジン

分 名詞

意味

親バカ、ひいきする、盲目フィルター

解説「粉丝＝ファン」は、アイドルオタク界隈でよく使われる単語（別項目「粉」[073]解説参照）。「滤镜」は「フィルター」である。つまり、ファンの目線でアイドルの立ち振る舞いをジャッジし、何でも許してしまう親バカな状態のことを指す。「滤镜」という言葉は、スマートフォンなどのカメラアプリ、写真加工アプリのフィルター機能（写真を実物よりきれいに加工することができる）が浸透してからの、比較的新しい造語だと考えられる。

　この言葉は単独でも使えるが、活用形は主に二種類ある。ひとつは、程度を表すとき、副詞の「太 (tài) ＝あまりにも」や「很 (hěn) ＝とても」の後ろに、形容詞の「厚 (hòu) ＝厚い」を付けて、「粉丝滤镜太厚 (Fěnsī lǜjìng tài hòu)」、要するに「フィルターをかけすぎ」という意味で使用する。もうひとつの活用法は否定形で、否定副詞の「不 (bú)」の後ろに動詞の「带 (dài)」を付けて、「不带粉丝滤镜 (bùdài fěnsī lǜjìng)」、要するに「フィルターをかけていない、ありのままの現実」という意味である。

例：SNSへの投稿

胖达初号机
1月10日 12:00 来自 微博 weibo.com

可能是自己**粉丝滤镜太厚**，但是看他一举手一投足都好可爱啊。最近每天都在B站上搜他的最近视频，然后一边傻笑一边看
（自分は推しをひいきしすぎかな。立ち振る舞いなんでもかわいいと思う。最近ビリ動で動画を漁るのが日課になって、ぐへへしながら永遠に見ている）

140 不／读空气 [bù/dú kōngqì]

ブー　ドゥコンチー

類　KY　台

意味
空気が読めない／空気を読む

解説　「不读空气」や「读空气」は、日本語の「空気が読めない」「空気を読む」の漢字をそのまま中国語で表記した用語である。「空気」は日本特有の文化であるが、日本のポップカルチャー（アイドル・アニメなど）を好む中華オタクは当然ながらこれを理解し、浸透している。それゆえ、韓国アイドルオタクやアメコミオタクなどは、この言葉をあまり使わない印象である。

　中国では、日本語の「空気を読め」の略称「KY」も、同じぐらいなじみがある。これらはオタク同士の口争いのスレッドや投稿で高い頻度で使われる。使う際には程度を表す副詞の「太（tài）＝ひどく」や「很（hěn）＝とても」、「超级（chāojí）＝スーパー」などを用い、「超KY」と強調したりする。

例：SNS への投稿

胖达暴走中
1月10日 12:00　来自 微博 weibo.com

这张同人图明明打得是 A×B 的 tag，为什么还有一些 **KY** 在评论里留言说 A×C 才是官配，简直太不可理喻了
（このイラスト、A×B のハッシュタグがついてるのに、なぜか一部の KY な人が A×C こそ公式カップリングだってコメントしにきたの、本当に空気読めないから）

141 弾幕護体 [dànmù hùtǐ]

意味

みんなのコメントのお蔭で怖くない

解説 別項目で紹介した「弾幕」[017] は、いわゆる動画サイトで投稿されたコメントのこと。「護体」は、「体を保護」するという意味である。つまり、動画上に掲載されるコメントを防具がわりにして、自分自身を守るという状況を表している。

　この言葉は主にふたつのシチュエーションで使用される。ひとつは、前出の項目「瞎了狗眼」[138] のように、何か目に悪いものを避けたいとき。例えば、男性キャラクターの悪ふざけな女装など、視聴者としてあまり嬉しくない「サービス」シーン。もうひとつは、ホラー映画やホラーゲーム実況など、不気味・怖いものを見たくないときである。自分でコメントを連投したり、ほかの視聴者に協力してもらってコメントの量を増やすことで、一時的に動画の画面を隠すことになる。

142 自攻自受 [zìgōngzìshòu]

類 水仙、精分 **台**

意味

同一CP

解説 「自攻自受」は、文字通りの意味になるが「自ら攻め、受け」の両方をやること。日本の同人用語「同一CP」（同じ人間をカップリングすること）に相当する言葉である。「自攻自受」が指す事象として、筆者が思い付くパターンには、以下のものがある。

①同じ人物の多重人格による同一カップリング。作品が展開するにつれてキャラクターの性格が二極化し、それぞれの性格を攻め・受けに当てはめるパターンである。例えば、日本のアニメ「コードギアス反逆のルルーシュ」（大河内一楼、谷口悟朗原作）の主人公であるルルーシュであれば、ギアスという異能の力を手に入れたあとの攻撃的な人格を「攻め」とし、体力がなく弱々しい普段の皇子・学生の人格を「受け」として成立させる。

②パラレルワールドの設定や、キャラクターの過去・現在・未来の外見・性格が異なりすぎて成立したカップリング。例えば、「名探偵コナン」（青山剛昌作）の工藤新一×江戸川コナン、「魔法少女まどか☆マギカ」（Magica Quartet原作）の現在の暁美ほむら×過去編の三つ編みメガネほむら、などがあげられる。

③原作での性転換や女体化・女装・男装によるもの。例えば、「らんま1/2」（高橋留美子作）の乱馬×らんま、「斉木楠雄のΨ難」（麻生周一作）の斉木楠雄×斉木楠子、「銀魂」（空知英秋作）の銀時×銀子などである。

以上の３パターンは、日中とも共通の認識である。なお、中華オタク、特に中華腐女子の中では、以下のような特殊な使い方がある。

ひとつは、一人の声優や歌い手が、ギャップの大きな配役で同じ作品に出演すること。この場合、恋愛感情・カップリング成立は必須条件ではない。声優に限定すると、類義語として「精分（jīngfēn）」があげられる。「精分」は「精神分裂（jīngshénfēnliè）＝精神分裂病／統合失調症」の略である。実際の病状とは関係なく、「統合失調症」を「多重人格」と誤解して用いられている。異なるキャラクター／人格を完璧に演じ分けている声優の、常人離れした表現力を評価する褒め言葉である。

例1：動画サイトのタイトル表記

【翻唱】Magnet 自攻自受
（Magnet 一人で両声類っぽく歌ってみた）　　※両声類＝ここでは一人で両性の声で歌うこと

例2：SNSへの投稿

胖达暴走中
1月10日 12:00 来自 微博 weibo.com
可以**自攻自受**的声优我只服遊佐浩二！
（攻め受け両方いける声優さんは遊佐浩二しか認めない！）

例3：SNSへの投稿

胖达初号机
1月10日 12:00 来自 微博 weibo.com
舰娘动画第一话，1分钟之内佐仓绫音切换了5种声线，简直**精分**现场hhh
（「艦これ」アニメの第一話、1分間以内に佐倉綾音さんが一人で5役を演じ分けてて、本当に演技の幅が広すぎるw）

　また、類義語の「水仙（shuǐxiān）＝スイセン」は、中国の時代劇クラスタが使用する。元ネタは、ギリシア神話に登場する、自分に惚れた美少年ナルキッソスの死後、水仙が咲いていたことによる。一人の俳優が演じた複数の役柄によるカップリングを「水仙カップリング」という。

　「自攻自受」は話し言葉でも使われているが、「水仙」は大体タイトルやハッシュタグとして使用され、ジャンルそのものを意味する。「自攻自受」の使用される範囲が最も広く、対象はアニメのキャラクターから声優、歌い手まで、また、恋愛感情の有無に関係なく使用できる。「水仙」は俳優に限定されていて、腐向けのコンテンツのみで使用される。

例4：動画サイトのタイトル表記

馬天宇古装群像 **水仙**向
（腐向け　同一CP注意　馬天宇時代劇姿コレクション）

143 有生之年 [yǒushēngzhīnián]

🈳

意味

待ってました

解説 「有生之年」は、本来「生きている間」の意味である。長く休載していたマンガの連載が復活したり、アニメ第二期の製作が突然決定した際など、オタクたちが発狂するシチュエーションで「まさか私が生きている間に、○○が見られるとは！」という意味合いで広く使われている。物理的な待ち時間がそんなに長くない場合にも、待ち遠しい気持ちだったときにこの言葉を積極的に使う。

例1：SNSへの投稿

胖达暴走中
1月10日 12:00 来自 微博 weibo.com

「Free!」的三期七月放送決定！！！大家一直幻想的大学篇终于来了！！！简直**有生之年**！！！
（「Free!」新シリーズが七月放送決定！！！何とみんなの妄想が詰まった大学生編！！！待ってました！！！）

例2：SNSへの投稿

万事屋的胖达
1月10日 12:00 来自 微博 weibo.com

活久见！**有生之年**终于要看到亚尔斯兰战记的最终章了！
（生きててよかった！あの「アルスラーン戦記」の最終編がこんなに早く来るとは、思いもしなかったよ！）

144 相爱相杀 [xiāng'àixiāngshā]

🈳

意味

ライバル

解説　「相爱相杀」は、「愛し合っているのに、お互い傷つけ合い続ける」という複雑な関係性を指す言葉。中華腐女子がよく使用する。言葉自体は 2000 年前後にインターネット上に出現しており、最初は現実の男女関係に対して使っていた。しかし、腐女子文化の流行により、2005 年前後から腐向けのコンテンツに対しても使うようになった。例えば、社会的立場が激しく対立するカップリングといえる、マフィア×警察、怪盗×探偵、連邦×ジオンなど、ライバル関係にありながら、ライバル以上の関係性を持つ者同士を指す。日本の BL コミックで使用されている「悪友、腐れ縁、宿敵」に近い表現だと考える。

例：SNS への投稿

胖达暴走中
1月10日 12:00 来自 微博 weibo.com

大家快吃我的安利！这一对！强气攻 x 傲娇受！**相爱相杀**！萌出血！
(誰か私のおすすめを聞いてくれ！このカップリング、強気攻め×ツンデレ受け！愛し合っているのにいつも喧嘩ばっかり！もう萌えすぎ！)

145 **网瘾少年／少女** [wǎngyǐn shàonián/shàonǚ]
　　　ワンインシャオニィエン／シャオニュ

分　名詞

意味

ネット中毒の少年／少女

解説　「网瘾少年／少女」は、直訳すると「ネット中毒者の少年／少女」となるが、現在は文字上のマイナスなニュアンスよりも、単純に「ネ

ットにハマっている少年／少女」を意味する。自虐ネタとしての自称、もしくは親しい関係性の中での第三人称に使う。

例：SNS への投稿

胖达减肥中
1月10日 12:00 来自 微博 weibo.com

这周的「黑色止血钳」，nino 在屏幕前远程操作做手术的那一幕，看起来就像联机打游戏，真是**网瘾少年**的本色出演
（今週の「ブラックペアン」、ニノがモニターの前から遠隔操作で手術をするシーン、ゲームをしているようにしか見えない。ただのニノだ）

146 五毛特效 [wǔmáo tèxiào]
ウーマオテェアシアオ

分 名詞 台

意味

しょぼい CG

解説 別項目「自干五」[062] で紹介した「五毛党」という言葉が浸透してから、「五毛」はひとつの抽象的な表現として、「安っぽい、廉価」というイメージになった。後ろに名詞を接続することで、新語や新しい表現も次々と出てきた。そのひとつが「五毛特效」である。「特效」は特殊撮影、主に「コンピューターグラフィックス (CG)」の意味である。すなわち「廉価な、しょぼい CG」を指している。中国でもハリウッド映画や海外ドラマは人気があり、これらのハイクオリティーな CG、演出に慣れてしまうと、中国産の映画やドラマを見ると安っぽく感じてしまう。そうして国産のコンテンツを揶揄する「五毛特效」という言葉が広まっていった。

例：腐女子同士の会話

想给你安利一部BL小说原作的电视剧…
虽然剧情很尴尬**特效**很**五毛**但是主角真的很给力…
（原作がBL小説のドラマをおすすめしたく…
展開がわけわからなくCGも安っぽいけど、主人公の二人はマジ最高…）

你这个安利能不能再走心一点…
（もうちょっと誠意を込めてすすめようや、おい…）

147 马猴烧酒 [mǎhóushāojiǔ]

マーホウシャオジゥ

分 名詞 台

意味

魔法少女

解説　「马猴烧酒」は、日本語の「魔法少女」の発音を、中国語で「马(mǎ)＝馬」「猴(hóu)＝猿」「烧酒(shāojiǔ)＝焼酎」と当てたものである。

　中華オタクにとって、普通の女の子が魔法を使って変身する啓蒙的作品は、おそらく「美少女戦士セーラームーン」（武内直子作）であろう。そして、中国で「魔法少女」という言葉が確立したのは、「カードキャプターさくら」（CLAMP作）「魔法少女リリカルなのは」（都築真紀／ivory原作）以降ではないかと推測している。特に、2002年から2ちゃんねる（現5ちゃんねる）で毎年開催している「アニメ板最萌トーナメント」は海外への影響力が強く、2002年の優勝キャラクターである「カードキャプターさくら」の木之本桜が「初代魔法少女」として、2005年に優勝した「魔法少女リリカルなのは」の高町なのはが「魔法少女暴君」として、古参の中華オタクの中で話題となった。

　当て字である「马猴烧酒」という言葉の誕生には、インターネット、

SNSの発達も関係していると考える。「美少女戦士セーラームーン」や「カードキャプターさくら」が放送された時代はまだテレビ視聴が主流で、これらの作品の放送も中国語の吹き替え版であった。しかし、2004年の「魔法少女リリカルなのは」はネット配信のみ（中国語字幕版）となり、日本語の「魔法少女」という言葉の響きが、このときはじめて中華オタクに認識されたと思われる。2011年に至り、社会現象にまでなった「魔法少女まどか☆マギカ」の異色な物語や、登場する地球外生命体キュゥべえの「僕と契約して魔法少女になってよ」をはじめとした数々の名ぜりふは多くの注目を集め、日本のみならず中華圏でもネタ化された。「马猴烧酒」という当て字もこのときの副産物ではないかと考える。この時期にはSNSがすでに浸透し、これまでとは比べ物にならない拡散力によって、「魔法少女」＝「马猴烧酒」の認知度はさらに高まった。

148 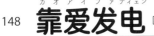　[kào'ài fādiàn]

意味

愛を原動力に二次創作を生産する、やりがい搾取

解説　「靠爱发电」は、二次創作分野でよく使用されている同人用語である。「靠」は前置詞で、後ろに抽象名詞、動詞を接続して、「○○（名詞）を利用して、○○をする」という意味を表す。このフレーズでは、「爱＝愛」を利用して「发电＝発電」する、という訳になる。この「発電」はいわゆる自家発電とは関係なく、「二次創作をたくさん生産する」という意味である。つまり、作品・キャラクターへの愛を原動力にして、二次創作を生産するということである。同人作家に対して使うときは、愛がある同人作品をたくさん生産して発表してくれることへの

感謝の意を表す。会社・営利団体に対して使うときは「ただ働き」の隠語として使うことが多い。強制的なボランティアや、やりがい搾取と同じ意味である。

日本でしばしば話題になる労働者の「やりがい搾取」問題は、中国でも同様に発生している。特に、アニメ業界・スタートアップといった「夢がある」仕事で蔓延している。例2であげた2017年に行われたbilibiliのイベントでの話もその一例である。高難度の仕事を要求しながら、賃金は日払いバイト代以下で、一時期インターネット上で炎上した。

例1：SNSへの投稿

量产机胖达
1月10日 12:00 来自 微博 weibo.com

跪了，太太们都是**靠爱发电**么？通贩买了一本画册和一个杯垫，定价低不说居然一堆赠品的明信片，四舍五入觉得自己等于没花钱！
（作家さんたちの作品は本当に愛が深すぎるorz 通販でイラスト集とコースターを買ったけど、値段が安いしおまけでポストカードいっぱいもらった。四捨五入でタダだ！）

例2：SNSへの投稿

胖达@NERV
1月10日 12:00 来自 微博 weibo.com

哔哩哔哩的暑期活动，招中高级的口译实习，一天工作12个小时200块，真当大家**靠爱发电**呢
（ビリビリのサマーイベント、通訳のインターンシップを募集しているらしいけど、1日12時間の拘束時間で200元ってどこのボランティアだよ）
※200元＝約3000円

---

149 圈地自萌 [quāndìzìméng]
ジュェンディズーモン

類　圈地自腐

意味

自重ルール、自主規制

解説 「圏地自萌」は、中華腐女子界隈でよく使用される言葉で、日本の腐女子がよく使用する「自重ルール」や「空気を読む」に近い。「圏地」は、イギリスで16世紀と18世紀の二回行われた農地の「囲い込み（エンクロージャー）」の中国語であり、「自萌」は「自ら萌える」ことである。

この言葉は、二次元を萌えの対象にするアニメオタクやゲームオタクはもちろん、三次元を萌えの対象とするアイドルオタクも使っている。腐女子は一般人に理解されにくい趣味であるため、中華圏腐女子の中でも「人前でBLの話をしてはいけない」「現実の人（創作物やアイドルではない一般人）を妄想に使ってはダメ」「原作者やその関係者に腐妄想のメンション（Twitter、Facebook などの SNS 上で、特別な設定を行わない限り該当ユーザーに通知される投稿）をしてはいけない」などのルールが存在する。こうしたルールをきちんと守り、理解のある腐女子同士の中でのみ腐向けの話をすることを「圏地自萌」という。似たような表現として「圏地自腐（quāndìzìfǔ）」があげられる。

150 **吃瓜群众** [chīguāqúnzhòng]

分 名詞 台

意味

やじ馬、外野

解説 「吃瓜群众」は文字だけ見ると「スイカ（中国語「西瓜〈xīguā〉」）を食べている群衆」という意味に勘違いされがちだが、この「瓜」はスイカではなく、ひまわりの種である【05】。

中国人のお茶会で欠かせない存在であり、リビングでダラダラ友達や家族と談笑しながら食べるスナック、それがひまわりの種である。ひまわりの種をかじることは、日本人がポテチを食べる感覚ととても似ている。自宅でテレビを視聴するとき、頭を使わず解放した両手を有効活用すると同時に口に満足感を与える。ひまわりの種をかじるときの中国人は、目の前に繰り広げることは自分と直接関係しないという絶対的な確信があり、傍観者の状態で安心していられるので、心がまったく無防備な状態である。ひまわりの種をかじる習慣は、もちろんインターネット上でも継続されている。そしてこの習慣の産物のひとつが「吃瓜群众」というフレーズである。

　日本に2ちゃんねる（現5ちゃんねる）があるように、中国もかつては掲示板文化が盛んであった。身の回りの出来事を現在進行形で実況しているスレ主も数多くいた。こういう炎上予備軍に対して、インターネット上のやじ馬は「ひまわりの種でもかじりながらその先の展開を見てみようか」といった具合でコメントを次々と投稿した。今日に至って、「人の不幸は蜜の味」「メシウマ」な感覚で炎上を楽しんでいる連中のことを「吃瓜群众」と呼ぶようになった。「吃瓜」と略すことも多い。略語のほうが元ネタより知られるようになり、「瓜」を「西瓜（スイカ）」と誤解するネット民も増えている【06】。

【05】中華物産店にて購入したひまわりのタネ。筆者撮影。日本ではハムスターの餌と認識されるひまわりの種だが、中国では大人気のおやつである。生のままでも食べられるが、煎って食べるのが一般的である。

【06】「吃瓜群众」のミーム。絵柄からわかるように、「瓜」は「スイカ」として解釈されている。

例：オタク同士の会話

快来吃瓜，宽叔在推上跟东大生怼起来了！宽叔骂东大生别说日语了，然后东大生用中文、英文、德语各种花式回复 www
（見て見てヤマカンまた炎上してる！東大生相手に日本語しゃべるんじゃねえよっていったら、現役東大生が中国語英語ドイツ語の多国語でリプした www）

哈哈哈哈回复的中文怎么一股东北味 www
（草 ww リプの中国語、東北訛り入ってない？ ww）

151 放飞自我 [fàngfēizìwǒ]
ファンフェイズーウォ

意味

ありのまま（褒め言葉）

解説 「放飞自我」は、「自我」を「放飞＝飛ばす」とのことで、転じて「本当の自分を取り戻す、ありのままの自分になる」という意味になる。一般的にはポジティブなニュアンスであるが、「自分勝手、わがまま」という意味にも取れるので、文脈で判断する必要がある。

　中華オタクは、クリエイター（作家・監督・プロデューサーなど）やクリエイターたちの手によって作られた作品を褒める際に、この言葉をよく使用する。クリエイターに対して使う場合は、「自身の個性・才能が、ほかの誰にも縛られずに思う存分発揮できている」と評価するニュアンスがある。作品に対して使う場合は、「作品そのものが大胆・前衛的であり、よくぞ出版・放送してくれた」という賛美になる。以下はクリエイター・作品、それぞれのシチュエーションでの用例である。

例1：SNSへの投稿

万事屋的胖达
1月10日 12:00 来自 微博 weibo.com

从故事的趣味性和完整性来说，LEVEL E 算是最有老贼的个人风格的作品了吧，没有任何来自编辑的限制和读者的压力，老贼可以尽情地**放飞自我**
（物語そのものの面白さと完成度から考えると、「レベルE」は富樫先生らしさが表れた最高の傑作じゃないか。編集者などからの制約や、読者からのプレッシャーもなく、好き勝手に描いている分、富樫先生の天才性が如実に出たな）

アイドルオタクの中では、推しアイドルの「素」が出ることを「放飞自我」という。いわゆる一般的なアイドルが取るべき行動より斜め上に行き、アイドルらしくない一面を見せたときなどに使用する。ファンにとっては推しの個性が垣間見える場面であり、推す理由がひとつ増えるだけであろう。

例2：SNSへの投稿

胖达@香香推
1月10日 12:00 来自 微博 weibo.com

我觉得我是饭了假爱豆，刚出道的时候自拍颜值高得我每张都右键保存，现在简直是每天都在**放飞自我**，扮丑恶搞一点没有偶像包袱
（推しにだまされた気がするな。デビュー当時の自撮りがかっこよすぎて全部即保存していたけど、今の自撮りは完全にネタ。すっかり自分がアイドルであることを忘れたやろ）

ちなみに、一般人がこの言葉を使うときは、単純に「我慢しない」「自分の欲望に忠実」といった意味で用いられる。以下はその一例である。

例3：SNSへの投稿

胖达減肥中
1月10日 12:00 来自 微博 weibo.com

减肥饿了好几天今天终于忍不住**放飞自我**去吃了麦叔叔，一下回到解放前…
（ダイエットで何日も空腹だったけど今日我慢できずにマックを食べてしまった…今までの努力がすべてパー）

152 深夜报社 [shēnyèbàoshè]

意味

深夜の飯テロ

解説　「深夜报社」は「深夜の新聞社」の意味だが、新聞社とはまったく関係がなく、「深夜报复社会（shēnyè bàofù shèhuì）＝深夜に社会を相手に復讐する」のフレーズを略したものである。文字だけ見れば大変物騒な言葉だが、主に深夜帯で発生する飯テロのことを指す。夜が更け、腹ペコになってしまった善良なる市民に対して、グルメな画像を提示し、食欲をそそっておいて食べさせないという焦らしは、もはや反社会的行為、無差別的テロである。

例：SNSへの投稿

胖达二号机
1月10日 12:00 来自 微博 weibo.com
半夜睡不着刷B站看到孤独的美食家更新了，大半夜的简直是**深夜报社**
（夜眠れなくてビリ動の動画をひたすら見ていたら最新話の「孤独のグルメ」を見てしまった。この時間帯ではまさに深夜の飯テロ）

153 一本满足 [yīběnmǎnzú]

意味

大変満足している

解説 元ネタはSMAPの草彅剛（くさなぎつよし）さんが出演していた「1本満足バー」という商品のCMである。「マン、マン、マンゾク！1本満足！」という中毒性のあるフレーズと、記憶に残る独特なダンスにより、ニコニコ動画でヒットし、たくさんの音MADの素材となった。その後、これらの動画がAcFunに転載され、中国でも知られるようになった。

「一本満足」という漢字は中国でも使われているため、商品よりもフレーズのほうが浸透し、オタクの中では「大変満足している」「これさえあればもう満足」などの意味として使われている。

例：SNSへの投稿

> 胖达＠NERV
> 1月10日 12:00 来自 微博 weibo.com
>
> 这次动画化竟然是骨头社！简直太值得期待了！原作党**一本满足**！！
> （今回のアニメ制作は何とボンズ！楽しみすぎる！原作ファンはもう、満足！）

154 三观不正 [sānguānbùzhèng]
（サングァンブーヂォン）

派 毁三观、三观不合

意味

世界観・価値観・人生観が正しくない

解説 「三观（サングァン）＝三観」とは、世界観・価値観・人生観のこと。小学生時代からマルクス主義・社会主義教育を受けている中国人の中に、徹底的に叩き込まれている三つの言葉である。「不正（ブーヂォン）」は「正しくない」

という意味。「不」は否定の意味を表す副詞である。つまり、「三观不正」は、世界観・価値観・人生観が正しくないこと。

　この正しいか正しくないかの判断は、実は結構主観的で、曖昧である。ある程度、マルクス主義哲学・社会主義核心価値観といったアウトライン的なものがあっても、個々人の中で具体的な道徳基準、価値判断が異なるので、インターネット上での会話がかみ合わない理由のひとつになっている。最近、日本のインターネット上でもよく見かける「ポリティカル・コレクトネス」という言葉に似ている。「政治的正しさ」など由緒正しい価値観を広げ、正しくない判断基準を叩き直すという趣旨だが、実行しているうちに乱暴な「ポリコレ棒」になってしまい、単に自分と意見が異なる人や、自分の守備範囲から外れたコンテンツを批判する際の口実になってしまっている。

　派生語の「毁三观(huǐ sānguān)」は「三観がぶっ壊れた」という意味で、衝撃的な事実によって今までの価値判断・認識が完全にひっくり返されたことを指す。「三观不合(sānguānbùhé)」は「三観が合致していない」という意味だが、日常会話の中でも少し軽い語感で使われている。シチュエーションによって、話が合わない、相性がよくない、物事の見方が異なることなどをいう。

7章　オタク的四字熟語

例1：SNSへの投稿

路人胖达
1月10日 12:00　来自 微博 weibo.com

在B站看动画发现好多人喜欢说角色**三观不正**。好像除了反派之外，主角必须保持绝对正确，性格缺陷更是黑点。连对虚拟的故事和角色都这么苛刻，直接去看厉害了你的国吧
（ビリ動でアニメを見たら、キャラクターの価値観に問題があるなどのコメントが結構多かった。悪役以外の、特に主人公は絶対的に正しくないといけないし、性格上の欠陥も許されないし。虚構の物語とキャラクターにもそんなに厳しいなら「Amazing China」でも見てしまえ）

例2：女性同士の会話

 话说我前几天和一直网恋的男生奔现了
（そういえば、ネット恋愛の相手に実際会ってみた）

 哇！这么突然
（お！急じゃない）

 男生正好出差到附近然后就顺道见了面
（相手がちょうど出張で隣の町に来たからついでに会ってみた）

 哦哦恭喜恭喜，感觉怎么样
（おおー、いいことじゃない）

 见面了感觉还是落差挺大的，聊了聊感觉**三观不合**
（実際会ったらギャップはまあ大きいよね、話もそんなにかみ合わないし）

155 德国骨科 [déguó gǔkē]
デェァグゥォグークェァ

分 名詞　**類** 骨科　**台**

意味

近親相姦

解説　「德国骨科」を直訳すると「ドイツ整骨」になるが、医療用語とはまったく関係なく、近親相姦、主に兄妹間の禁断の恋を指す隠語である。

筆者の記憶によれば言葉の発祥はAcFunだったが、最初の投稿は「百度貼吧（bǎidù tiēba）＝百度贴吧」（https://tieba.baidu.com/）だったという説もある。ただしAcFunは間違いなく、この言葉の拡散・定着に決定的な役割を果たした。AcFunは中華圏のコメント付き動画サイトの元祖であり、動画機能以外に簡易的な掲示板機能が存在する。

AcFunの掲示板はSNSの人気が出る以前に、オタクたちがコミュニケーションを行う場として、たくさんの流行語・流行フレーズを生み出した。この「德国骨科」もその一例である。

この言葉の元となったのは、掲示板に投稿された、実の妹にガチ恋をして肉体関係まで持ったが、家族にバレてしまい、父親に骨折するまで叩かれ、ドイツまで行って治療を受けたという話である。この投稿は「德国骨科」という言葉としてAcFunのユーザーに要約され、それ以来、近親相姦の隠語として認識されるようになった【07】。また、近親相姦をテーマにした作品のジャンル名としても使える。

例：SNSへの投稿

胖达暴走中
1月10日 12:00 来自 微博 weibo.com

现在耽美文都讲究三观要正么，都找不到**骨科**文，即使有骨科都是伪兄弟，没有血缘的。可是我就是想看真・兄弟啊！
（最近BL小説にも正しい倫理観が必要という風潮がきたのか、全然兄弟ものがない。あっても血縁がないエセ兄弟ものばっかり。本当の近親相姦が見たいだけなんだけど！）

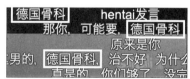
拡大

【07】「德国骨科」のコメントの例。「川柳少女」1話、主人公雪白七々子の同級生毒島エイジがシスコン発言をした後のシーン。

面白いことに、この解説を書いていた最中（2018年7月末）、中国の国営放送局である中国中央テレビ（CCTV）がbilibiliをはじめとした動画閲覧アプリ・マンガ閲覧アプリを取り上げ、青少年に有害なコンテンツへの検閲を強化せよと呼びかけていた。

　bilibiliを取り上げたのは、「CCTV新聞チャンネル」と呼ばれるニュース専門チャンネルである。放送内では、bilibiliのトップページをアップし、検閲制度が不十分ゆえに、性的な連想をさせるコンテンツへ簡易にアクセスでき、青少年の成長に極めて有害であると批判した。特に、兄妹間の禁断の恋を描写した作品の視聴数が多く、すでに未成年に悪い影響を与えていると報道した。あげられたタイトルは、「ワガママハイスペック」（まどそふと作）、「お兄ちゃんだけど愛さえあれば関係ないよねっ」（鈴木大輔作）、「お兄ちゃんのことなんかぜんぜん好きじゃないんだからねっ!!」（草野紅壱作）、「ISLAND」（フロントウイング作）などで、bilibiliでの作品紹介ページ、一部のシーンまで放送内で流された。

　放送後に怒りを覚えたオタクたちによって、「『紅楼夢』などの古典作品でも近親相姦の描写がある。いっそそれらを禁止したら？」「なぜレイティングシステムをいまだに採用しないのか。大人と子供が同じものを見られるなんておかしい」と、抗議のコメントが番組の公式アカウントに次々と寄せられた。本番組の影響かもしれないが、bilibiliのモバイル版は一時的に検索不可となり、bilibili運営が正式に放送権を有した日本の深夜アニメも次々と視聴不可となっている。

　国営放送に取り上げられるほど今回の問題は結構深刻である。アニメ・マンガなどサブカルチャーの影響力が大きくなった現在、今まで盲点であったコンテンツも検閲対象になりえる。特に、日本の深夜アニメは子供を視聴者として想定していないため、中国政府側が問題視しているわいせつ・暴力的な表現が含まれている。「アニメは子供が見るものだ」という考え方が根強い中国社会では、間違いなく青少年に有害だと認定されていると思う。

日本の深夜アニメが一気に視聴不可になった今、オタクたちは「今更昔の違法ダウンロード時代に戻るのかよ」「10 年前にタイムスリップしたみたいだ」と悲鳴をあげている。なお、2019 年 3 月の時点では、上記のタイトルは bilibili では依然として閲覧・検索することができない。

156 时代眼泪 [shídài yǎnlèi]
シーダイイェンレイ

意味

ひとつの時代が終わった

解説　「时代眼泪」の元ネタは、日本のアニメ「機動戦士 Z ガンダム」(矢立肇原案、富野由悠季作) の次回予告の最後に出てくる、「君は、刻の涙を見る…」というナレーションである。

　このナレーションの意味については諸説あるが、単純に単語として考えると、「刻」とは、過去から現在・未来への時間、歴史そのものを指し、「涙」とは、この過程の中で生じたさまざまな悲しい出来事として捉えられる。

　言葉のスケールは壮大だが、インターネット上の使い方を見る限り、日本語の「ひとつの時代が終わった」というニュアンスに近い。ひとつの時代が終わり、今まで確信していた常識・共通の感覚が共有できなくなり、新しくやってくる人間と話すときに、ところどころで感じてしまうジェネレーションギャップが、古参のオタクたちをしばしば失望させる。そして彼らはいつもため息をつき、時代に取り残されたことを悲しく感じて、「刻の涙だな」と感慨を漏らしてしまうのである。

例：声優オタク同士の会話

最近跟亲戚家也喜欢追番的妹妹聊天，
谈到喜欢的声优我说是神谷
（最近アニメ好きな親戚の子とおしゃべりしたけど、好きな声優さんの
話になったやん。で、好きな声優さんは神谷さんだっていった）

哦哦，然后咧
（おおー。で？）

然后她说神谷浩史么，我说，不，是神谷明
（で、あの子は「神谷浩史なの？」っていって、
私が「違う、神谷明」って返したね）

哈哈哈
（wwww）

然后你知道她说啥
（で、あの子はなんつったと思う？）

说啥
（なんつった？）

神谷明谁啊，不知道
（「神谷明って、誰？」って）

天呐现在的孩子连神谷明都不认识了么？**时代**的**眼泪**啊
（まじかー。今時の子はもう神谷明さん知らないの？
ひとつの時代が終わったわ）

157　**开地图炮** [kāidìtúpào]
　　カイディトゥパオ

意味

無差別人身攻撃

解説 「地図炮」の語源は、日本のゲーム「スーパーロボット大戦」（バンダイナムコエンターテインメント発売）の「MAP 兵器」（戦闘画面〈マップ〉に対して攻撃できる戦略兵器）である。MAP の中国語は「地図 (dìtú)」で、「炮」はゲーム中で実際に使用される兵器のひとつ。「MAP 兵器」は大量のユニットを同時かつ一方的に攻撃できるという特徴を持つことから、転じてインターネット上の「無差別人身攻撃」を指す。インターネット上でよく見かける「地図炮」は、特定の人種・国・地域、特定の信仰・趣味の人への差別発言である。その際、「○○人は全員××だ」というフレーズがよく使われる。「开」という動詞が使われるのは、おそらく「开炮 (kāipào)」という言い方があるからであろう。「开炮」は「発砲、砲撃」を意味するため、言葉で他人を攻撃することに通じる。

中国は土地が広く、隣接する国も多いため、異なる出身地同士間の地域差別や、差別まではいかなくとも偏見は大変根強い。特に給料が高く、求人の多い大都市にはさまざまな地域の出身者が集まっていることもあり、出身地の違いによるトラブルも頻繁に起こっている。これらのストレスの発散場所のひとつであるインターネット上は、地域差別が最も多く見られる。

158 帯飞全团 [dàifēi quántuán]

ダイ フェイチュェントゥアン

意味

一人だけ売れている

解説 「帯飞全团」は、アイドルオタクが自分の推しを褒めるとき使う言葉である。中国語で「帯」は「引っ張る、リードする」という意味、「飞」は「飛ぶ」、「全団」は「全グループ」を指す。文字通りの意味だと、「全グループをリードして飛ぶ」となるが、アイドルオタク

の場合、グループ内で一人だけ売れている、活躍している一人のメンバーのおかげでグループ全体が注目されていることを指す。

例：SNSへの投稿

胖达二号机
1月10日 12:00 来自 微博 weibo.com

我家宝宝真是太可爱了！！！酸她滚蛋吧！！**带飞全团**就是rio 牛逼！！
（推しがかわいすぎる！！！嫉妬しているやつとっとと消えろ！！一人でグループを引っ張ってマジすごいよ！！）

159 友情破顔拳 [yǒuqíng pòyán quán]
ヨウチンポォイェンチュェン

分 名詞

意味

有情破顔拳、友情・絆が生まれる

解説 「友情破顔拳」の元ネタは、「北斗の拳」（武論尊原作、原哲夫作画）の登場人物トキが使用する北斗神拳奥義のひとつ「有情破顔拳（うじょうはがんけん）」である。この技の特徴として、技を受けた相手の顔面はひどく歪んでいくが、せりふ上は痛みを感じさせず、快楽と共に安らかに死んでいくことである。この「有情（yǒuqíng）」を同じ発音の「友情」に変更することで、ジャンプ系などの熱血マンガの中でよく見られる、主人公同士が殴り合ってボロボロになり、そこから友情、絆が生まれる状態を指す。

「友情破顔拳」を得意とすることで知られるキャラクターには、例えば、日本のライトノベル・アニメである「とある魔術の禁書目録（インデックス）」（鎌池和馬作）の主人公上条当麻（かみじょうとうま）や、マンガ「NARUTO-ナルト-」（岸本斉史作）の主人公うずまきナルトがあげられる。特に、上条当麻は「説教」（正

論を言いまくる）と「幻想殺し<rt>イマジンブレイカー</rt>」（触った人間の能力を消す）というふたつの特殊能力の持ち主であり、どんな敵意を持った相手でもパンチを喰わせると味方になり、女性キャラクターの場合にはラブコメ的なフラグが立つことも珍しくない。

160 亚历山大 [yàlìshāndà]
ヤーリーシャンダー

類 鸭梨山大 **台**

意味

ストレスが大きい

解説 「亚历山大」を直訳すると、歴史上の偉人アレキサンダー王になるが、特に関係はない。これは「ストレスが山ほどたまっている」という意味の「压力像山一样大（Yālì xiàng shān yīyàng dà）」から四文字を取った略語である。

パソコンやスマートフォンなどで入力する際、ストレスを意味する「压力」は、同じ発音である「鸭梨（yālí）＝洋ナシ」に誤変換しやすいので、類義語の「鸭梨山大」が生まれた。アレキサンダー王の意味に通じる「亚历山大」より可愛らしいイメージがあるので、インターネット上では頻繁に見受けられる。この言葉はオタクだけではなく、大学生から若い社会人までが多く使用している印象がある。

例：オタク同士の会話

每天都感觉钱和时间不够用，坑爹的三次元都整天不够忙的，还在努力兼顾二次元，**亚历山大**

（毎日お金と時間が足りない気がする。仕事で十分忙しいのに趣味の二次元も掛け持ちしないといけない。ストレスたまるわ）

7章 オタク的四字熟語

> 摸头…大家都这样
> （なでなで…みんな一緒だよね）

 > 关键是父母还每天唠叨说找对象结婚买房子的事儿，好烦
> （一番うるさいのは親で、毎日結婚や持ち家のプレッシャーをかけてくる。うんざりだ）

161 主角光环 [zhǔjiǎoguānghuán]
（ヂュジャオグゥァンファン）

[分] 名詞　[台]

意味

チート主人公（キャラ）、主人公最強

解説　「主角」は「主人公」、「光环」は「光の輪」の意味だが、この単語の中では主人公の独特なオーラ、他人と一線を画すような雰囲気を指す。日本語の「チート主人公」に相当する。

　この言葉は、主人公の実力や運の強さがもはやバグレベルなのでは？と疑問を抱いたときに使う。例えば、主人公が「俺はごく普通の高校生」と言いながら、超能力が使えたり、周りにすごい人が集まったり、複数の異性から好意を示されたりして、「そんなの普通じゃない！」とツッコミたくなったときに、この言葉を活用してみてほしい。

例：SNSへの投稿

 新・胖达
1月10日 12:00 来自 微博 weibo.com

看一半弃的动画片太多了。刚进主线就开始打怪升级＋**主角光环**
（途中で諦めたアニメが多すぎたかな。メインストーリーに入ったばっかりなのにレベルアップと主人公無双の展開）

162 平成廃物 [píngchéngfèiwù]

ピンチォンフェイウー

分 名詞 对 昭和男儿 白 「平成廃物」ではなく「寛鬆世代」を使用

意味

ゆとり世代

解説 「平成廃物」を直訳すると「平成クズ」になるが、実際の語感は
そこまでひどいものではなく、日本人がいう「ゆとり世代」のイメー
ジに近い。対義語は「昭和男儿（zhāohé nán'ér）＝昭和の男」となる。

　日本では昭和という時代には、戦争やその後の高度経済成長など、
社会全体に大きな変化を与える出来事が多かった。経済は成長期のた
め、国民全体が国の未来に対して楽観的で、自信を持っていた。しか
しバブル崩壊後、平成生まれの若者は比較的将来を悲観し、自分や国
に対しても自信がないように見える。国のために何かするよりも、自
分の平和な日常を守りたいと思う傾向がある。NHK が行った終戦 63
年の企画「戦争証言プロジェクト」の CM で、「あたなは"お国"の
ために死ねますか？」というインタビューに対して、日本の若者が「国
のために死ななければならないような国は滅んでしまえばいい」と答
えたことが、2008 年頃、中国のインターネット上で大きな反響を呼
んだ。全体主義・社会主義の強い中国ネット民にとっては、愛国教育
がなく、国のために行動しない、自己犠牲を払わない日本の若者の考
え方は、自分たちが今まで教わってきた侵略的、好戦的な日本兵のイ
メージと大きなギャップがあったからである。

　加えて、戦艦を擬人化したゲーム「艦隊これくしょん」（DMM.com
発売）が大ブームになったり、自衛官募集のポスターが萌え化してい
ることなどから、平成生まれの日本の若者はオタクだらけなんじゃ
ないかと中国ネット民は揶揄し、そこで誕生した言葉が「平成廃物」
「平成肥宅（píngchéngféizhá）＝平成デブオタク」であった。これに対

7章 オタク的四字熟語

201

して用いる「昭和男児」はプラスの意味を持ち、俳優の故高倉健(たかくらけん)のようなクールで渋い硬骨漢を指す。しかし、注意してほしいのは、これはあくまでも現在の日本の若者を皮肉るための表現であり、軍国主義を認めたり、侵略戦争を肯定したりはしていない。

例1：SNSへの投稿

路人胖达
1月10日 12:00 来自 微博 weibo.com

这年头还炒作中日战争？**平成肥宅**一个能打的都没有，**昭和男儿**还有点看头
（今の時代で日中戦争なんかあり得ない。昭和時代ならまだしも、今の平成生まれなんか戦闘力なんもねえぞ）

例2：オタク同士の会話

你任据说要大幅引进大人向内容
（ニンテンドーストアは今後大人向けのコンテンツを積極的に導入するって）

你任真的变了。变得要迎合**平成肥宅**了
（オタクに媚びるなんて任天堂も変わっちゃったな）

163 脳内补完 [nǎonèibǔwán] ナオネイブーワン

[類] 脑补、自行脑补 台

意味

脳内補完

解説 日本語のオタク用語「脳内補完」から来た言葉である。国が違ってもオタクとしての傾向は同じで、原作の中にはない情報やシチュエーションも、想像力と妄想力を働かせ、ご都合主義で自分好みな内

容として仕上げてしまう。脳内だけで完結する人と、二次創作物として自分の妄想を具現化する人がいる。

　中国語にも同じ漢字が存在するので、「脳内補完」とそのまま中国語になり、中華オタクの言葉として使用されている。二文字を取り上げた略語の「脳补（nǎobǔ）」のほうが字数も少なく言葉にしやすいので、会話の中で多く見受けられる。類義語の「自行脳补（zìháng nǎobǔ）」の「自行」は、「自主的に、自ら」という意味であり、妄想する本人の主体性をより強調した言葉である。

例：SNSへの投稿

胖达暴走中
1月10日 12:00 来自 微博 weibo.com

第三季的监督我们不要内海好吗，不要再搞事了好吗，真遥要是再撒四年的大学糖我真的要没有**脑补**的空间了！
（第3シーズンは監督変えたほうがよくない？紘子は焼畑農業しすぎでしょ！まこはるの大学4年間のラブラブ生活を見せつけられたら、私が妄想する余地は1ミリもなくなっちゃうぅ！）

コラム❷

中華オタク的！ SNS デビューの Tips
――意味不明な言葉の羅列をどう読み解くか？

　中華オタク用語、ネット用語は毎日のように新語が生まれている。筆者の母国語であるにもかかわらず、ちょっと変わっている表現だと、初めて見たとき頭に「？」を浮かべてしまうことが多い。日本の人だと尚更だろう。でも、それを読み解いていくことは実に楽しいものである。検索エンジンを駆使して、意味不明な言葉の羅列をやっと解読できたときの快感は大きい。まるで謎解きのような体験である。このコラムでは、そんな謎解きに必要な Tips をいくつか紹介していきたい。

1 ★ まずは声に出して読んでみる ―「話し言葉体系」を意識する

　ここ数年、リアルタイムなチャットツール、文字制限のあるマイクロブログ、5 分以内のショート動画アプリなど、手軽にコミュニケーションが取れるネットサービスが世界的にはやっている。これらサービスの流行により、メールで使うような書き言葉よりも、より気軽な話し言葉によるコミュニケーションの割合が増えているようだ。なので、あまりなじみのない表現を見かけた時には、まず声に出して読んでみることをおすすめする。そうすればわからない新語の意味を理解できるかもしれない。中国語の場合、中国国内の特殊なインターネット事情により、検閲や検索回避をする目的で当て字が多く使用されている。その中にはすでに定着しているものもあれば、個々人の入力変換でさまざまなバリエーションを持つものもある。

　中華オタク用語の場合、元となった日本語のフレーズを使った当て字も加わるので、解読難易度はさらに上がる。日本語、中国語の両方で発音してみることで、その意味が明白になるものもある。

　例えば、本編で取り上げた「系必死」[127]、「胖次」[112]「马猴 烧酒」[147]、「大丈夫萌大奶」[133] はこのパターンである。使われてい

る当て字の本来の意味がわかると、投稿者の感情が推測できる。同じく
「光腚肿菊」[066]、「焚化部」[067] もこの代表である。中華オタクが
検閲を行う政府機関に対して抱いている嫌悪感を表している。

　声に出して読むにはコツがある。それは標準語だけで発音しないとい
うことだ。日本語で例をあげるとわかりやすいと思うが、若い子は「好き」
を「しゅき」、「する」を「しゅる」と書いたりする。同じような感覚の
言葉遊びが、中国のインターネット上にもある。こうした表現は、読み
手にふんわりとした親しみやすい雰囲気を与えるので、若い女性がよく
使用する。また方言の影響により、そもそも訛りを持っているものもあ
る。例えば、一部の方言では、z/zh、c/ch、s/sh の区別ができず、また
ある一部の方言では、n/ng の区別ができない。これらの漢字や単語を
曖昧に発音した結果が、インターネット上の書き込みにも影響している。
以下によくあるパターンをまとめた。

① h 音抜き：zh を z、ch を c、sh を s として発音

単語	ピンイン	意味	当て字	当て字のピンイン
知道	zhīdào	知っている	资道／zi 道	zīdào
吃饭	chīfàn	ご飯を食べる	次饭	cīfàn
出来	chūlái	出てくる	粗来	cūlái
舒服	shūfú	快適な	苏服	sūfú
什么	shénme	なに	森么	sénme

※ 当て字は必ずしもひとつの書き方ではない　※z/c/s に h 音足しパターンも稀にある

② g 音抜き：ng を n として発音

単語	ピンイン	意味	当て字	当て字のピンイン
人生	rénshēng	人生	人森	rénsēn
朋友	péngyǒu	友達	盆友	pényǒu

③ h/f の混同

単語	ピンイン	意味	当て字	当て字のピンイン
非常	fēicháng	とても	灰常	huīcháng
一回事儿	yīhuíshì er	同じこと	一肥事儿	yīfuíshì er
花花	huāhuā	花	发发	fuāfuā

④音の連続読み／分割読み

単語	ピンイン	意味	当て字	当て字のピンイン
<u>这样子</u>	zhèyàng zi	このように	酱紫	<u>jiàngzǐ</u>
不知<u>道</u>	bù zhīdào	わからない	不造	<u>bùzào</u>
<u>丑</u>	<u>chǒu</u>	醜い、ブサイク	吃藕	<u>chīǒu</u>

⑤母音の変換

単語	ピンイン	意味	当て字	当て字のピンイン
没有	m<u>éi</u>yǒu	ない	木有	mùyǒu
开心	kāix<u>īn</u>	嬉しい、ハッピー	开熏	kāix<u>ūn</u>
女儿	nǚ'<u>ér</u>	娘	女鹅	nǚ'<u>é</u>
儿子	érz<u>i</u>	息子	儿砸	erz<u>a</u>

　最近特に面白いと思ったのは、当て字の対象は「漢字」のみではなく「絵文字」にまで広がってきたことである。例えば、相手を褒めるときのスラング「牛逼（niúbī）＝すげー」は、牛の絵文字「🐃」とビールの「🍺」で表記したりする。こういう意味不明な表現を見かけた際は、頭のネジを緩めてクイズ感覚で解いたほうが楽しいと思う。

　日本の人たちも子供の頃、こういった絵文字で構成された暗号文的なものを解読する遊びをした記憶があるのではないだろうか。

2 ★ 次は漢字の形を重視 ―「視覚体系」を意識する

　「話し言葉体系」の次に意識してほしいものが「視覚体系」である。本書に収録する用語は、日常会話よりもネット上に書き込まれるものが多いので、聴覚ではなく視覚的な言葉遊びもある。中国と同じく漢字を使用している日本では、イメージがしやすいであろう。日本語の例でいえば、２ちゃんねるで人を罵倒するときの「タヒね」は、「死」を分解してカタカナの「タヒ」で表記したものだ。また、「神」を「ネ」と「申」を組み合わせた「ネ申」とする表記などもある。

　中国語の場合、漢字を偏とつくりに分解するものが多い。政治的なキーワードを回避するのはもちろん、娯楽性の高い表現にもなる。例え

ば「太っている」ことを意味する中国語の「胖（pàng）」を「月半（yuè bàn）」と分解して書くと、一文字よりも視覚的に大きく見えるので、若者の間では定着した書き方である。「話し言葉体系」とこの「視覚体系」のふたつを意識すれば、新語の7割ぐらいは解読できるはずである。残りの3割はどうすればいいかというと、インターネットの検索エンジンを駆使するしかないと思う。次に、比較的迅速かつ正確に意味を特定するために、筆者がよく利用している検索のコツを紹介したい。

3 ★ 最後は検索のコツを摑む

ひとつ目のアドバイスは、インターネット検索の際、中国語の検索結果もヒットするように、Google の検索サイトの言語に中国語の簡体字、繁体字を両方とも追加することだ。そして次がポイントなのだが、中国語で「日本語ページのみ検索」で絞り込みを行えば、日本人向けの解説が出てくるし、ノイズも少なくなる。名詞の場合、Google の画像検索も合わせて利用すれば、一発で単語のイメージが理解できるような画像が出てきたりするので、語学学習者にはおすすめだ。

ふたつ目のアドバイスは、ネットサービス（Twitter や Blog サイトの標準機能など）の検索機能にはあまり期待しないということ。これらは最低限のキーワード検索しかサポートしていないので、より高度な検索を利用したいのであれば、やはり Google 一択になる。その際、検索したいキーワードを引用符「""」で囲むことで、文章を勝手にバラバラにされることなく検索できる。さらに、サイトの URL（ドメイン名）を「site:」で限定すれば、特定のドメイン内で検索できるので精度が上がる。それ以外には、期間を絞って検索結果を表示させるのも言葉が使われた年代を遡ることができるので、時々面白い気づきを得られる。

三つ目のアドバイスは、資料系のデータ、例えば公開されている白書、調査文書にたどり着きやすくするように、キーワードの後ろに PDF など拡張子を入れるということ。検索の際に「filetype:」を活用することだ。また、大陸側のインターネットは検閲が厳しく、せっかくたどり着いた

ページが何かしらの原因で表示できないこともしばしばある。こういう場合は Google であればキャッシュで閲覧することができるので愛用している。

4 ★ 実践編

これまでに紹介したテクニックをフル活用して、実際に解読した例を見てみよう。以下の文章は、以前 Twitter のフォロワーさんに頼まれて解読した、Weibo に投稿された文章である。

❶阪蛋旁边的永旺被❷工友承包，店头放了一堆❸娘啾和❹蓝色谷子。旁边书店也有放月刊和❺二郎的人间失格，买了三本可挑三个书签，发现赠品的书签其实是和❻呆妹成员色对应的，于是选了❼臣隆刚色。

どうみても二次元の話ではなく、正直、一瞬訳がわからなかったが、ひとつずつ紐解けば解読可能だと感じた。それでは謎を解いていこう。

まず冒頭にある❶「阪蛋（bǎndàn）」。検索すれば、「大阪ドーム」であるとわかる。オタクにとってドームといえばコンサートであり、投稿者は高い確率で日本のアイドル好きだとわかった。それに❷「工友（gōngyǒu）」という表現は、EXILE が中国で「民工団（míngōngtuán）」と呼ばれていることを知っていたので、ファンが自分達のことを「工友」と自称するのだと、すぐに連想できた。

次からは少し難しくなってくる。❸「娘啾（niáng jiū）」とは何なのか。❺にある、月刊誌と文学作品の「人間失格」は、EXILE とどういう関係性があるのか。検索して一個ずつ内容を特定しなければ、全体の意味は理解できない。「娘啾」は明らかに中国語の発音ではないため、投稿者の属性から考えれば日本語の当て字である可能性が高い。試しに発音の「にゃんちゅう」を Google で検索したところ、NHK 教育番組のキャラクター「ニャンちゅう」だとわかった。このキャラクターの名前と EXILE で検索すると、「三代目 J SOUL BROTHERS（JSB）」のボーカル

今市隆二さんの笑顔が「ニャンちゅうにそっくり」と書かれたネット記事を見つけたので、ファンの中では「ニャンちゅう」は今市隆二さんのシンボル（呼び名）だとわかった。さらに「月刊」と「EXILE」の２つのキーワードで検索したところで、「公式月刊 EXILE」という雑誌の存在を知り、同じ検索方法で、「二郎的人间失格（èrláng de rénjiān shīgé）」とは山下健二郎さんの撮り下ろし写真が使われた限定カバー（表紙）の「人間失格」であることが解読できた。❻「呆妹（dāi mèi）」も❸と同じく日本語での当て字「ダイメ」、つまり「三代目」の略語であろう。

次に、三代目 JSB の各メンバーのイメージカラーを検索してみたところ、最後の❼「臣隆刚色（chén lóng gāng sè）」の意味も明確になった。「臣」は「登坂広臣」、「隆」は「今市隆二」、そして「刚」は「岩田剛典＝岩田剛典」である。要するに「臣隆刚色」は三人の応援色のことである。そして最後に❹「蓝色谷子（lánsè gǔzi）」は、今市隆二さんのグッズであることが推測できた。「谷子」は日本語「グッズ」の当て字である。

こうして集めてきたひとつひとつのピースをつなぎ合わせ、謎の文書を解読することができた。参考までに、前述の例文を翻訳したバージョンは以下の通り。

> 大阪ドーム隣のイオンは三代目 JSB のファンでいっぱい。お店の前にニャンちゅう（今市隆二さん）のグッズがたくさんあった。となりの書店で「公式月刊 EXILE」と限定カバーの「人間失格」を買ったら、好きな色のしおりを三色選べた。全部の色がメンバーのイメージカラーになっていたから推しメンの色を選んだ。

いかがだろうか。一見訳のわからない文章でも、ひとつずつ分析してみると内容も解明でき、検索しているうちも新しい気づきも出てくるので、ぜひこれらのテクニックを利用して解読してみてほしい。相手が何を伝えたいのかわかってくると、コミュニケーションをさらに深めることができるだろう。

参考 URL（最終閲覧 2019/4/24）

【001：动漫】
- 「2017 年中国动画行业报告」（2017 年中国アニメ産業報告）
http://report.iresearch.cn/wx/report.aspx?id=3049
- 「关于加强动画片引进和播放管理的通知」（アニメの輸入申請および放送管理の強化についての通知）
http://www.gov.cn/gongbao/content/2000/content_60451.htm
- 「关于推动我国动漫产业发展的若干意见」（アニメ産業の発展を推進させるための若干意見）
http://www.gapp.gov.cn/caiwusi/oldcaiwusi/contents/2981/137488.shtml

【009：字幕组】
- ネットにアニメ無断公開…中国人グループ「字幕組」自称メンバー逮捕　京都府警
https://www.sankei.com/west/news/160928/wst1609280116-n1.html
- 「字幕組」の中国人男逮捕　「アンジュ・ヴィエルジュ」違法公開
https://www.sankei.com/west/news/170217/wst1702170013-n1.html
- 日本の漫画やゲーム、無断で翻訳…中国人の女 2 人逮捕　不正ネット公開組織「漢化組」メンバー
https://www.sankei.com/west/news/180131/wst1801310098-n1.html

【025：颜表立】
- 「弹幕阳光计划第十弹 蒙版听说过吗，弹幕黑科技了解一下？」
https://www.bilibili.com/read/cv534194

【050：404】
- 「中国共产党第十六届中央委员会第六次全体会议公报」（中国共産党第 16 回中央委員会第 6 回総会会議公報）
http://cpc.people.com.cn/GB/64162/64168/64569/72347/4912748.html

【062：自干五】
- 「"自干五"是社会主义核心价值观的坚定践行者」（「自干五」は社会主義核心価値観の実践者）
http://epaper.gmw.cn/gmrb/html/2014-11/15/nw.D110000gmrb_20141115_2-10.htm
- 「《大圣归来》：既是一种现象，也是一股力量」（「西遊記　ヒーロー・イズ・バック」：社会現象であり、パワーでもある）
http://qnck.cyol.com/html/2015-07/22/nw.D110000qnck_20150722_1-21.htm

【119：绅士】
- 绅士大概一分钟
https://space.bilibili.com/1643718/video?keyword= 绅士大概一分钟

図版出典 URL

【005：A 站】01 ＝ http://www.acfun.cn（2019/2/16）
【006：B 站】02 ＝ https://www.bilibili.com（2019/2/16）
【019：鬼畜】
06-1 ＝ https://web.archive.org/web/20180831204446/http://shengdiyage.us/product/

jinkela.html（4/21/2019）

06-2 ＝ http://www.acfun.cn/v/ac56920 （2019/4/21）

【025：颜表立】

07 ＝ https://www.bilibili.com/video/av46260586?t=71 （2019/3/26）

08 ＝ https://www.nicovideo.jp/watch/so34769844 https://www.bilibili.com/video/av46331365?t=69 （2019/3/23）

【028：纸片人】**09** ＝ http://evol.papegames.cn/ （2019/5/27）

【032：666】**11** ＝ https://www.bilibili.com/video/av53462698 （2019/5/27）

【049：233】

01 ＝ http://i1.mopimg.cn/public/images/face/iframe/10.gif# （2019/2/16）

02 ＝ https://www.bilibili.com/bangumi/play/ep232169 （2019/5/27）

【065：注孤生】

05 ＝ https://blog.heartsupport.com/forever-alone-467b2b5c71e6 （2019/5/27）

05 ＝ http://www.cim.chinesecio.com/hbcms/f/article/info?id=91148256cce34b74b153585159316a9b （2019/5/27）

05 ＝ http://www.fsdt.com.cn/32651 （2019/5/27）

【070：表情包】**08** ＝ https://www.facebook.com/AppleEnews/photos/a.202570069806647/1051063391623973/?type=3&__xts__%5B0%5D=68.ARCiTJp1etuqEidKv0Is4DfsCSZNa1d9PWu8Ck0cKtsl6nVpqV3KKJyDOgNwVOhkLdPBvAyJ_ym4TIxDHnw4-zGk4htAQBFi3KTaAfvEKVGtHUvy9vcay2uq7gGq8jlYfETVAK6hkw8skihC94_rAaYZy6RIQhVtGJDVBA8JNR42-ssTXwtDRRaqjd6X-MOBSFzlBFuq-I19gsOV16Er_yy0lmln183g5o7xlZMVqztvJeNNdP3ESF2w8o8FQeo5Le8WrRejyV7-S6aWGUxclWCeUxjoDdcpcDjDSWxlkyH563D1qpXC5XtKevtpKFtcvJEz&__tn__=-R （2019/3/26）

【109：Yoooo】**01** ＝ https://www.nicovideo.jp/watch/sm11636984 （2019/2/16）

【110：工口】**02** ＝ https://www.bilibili.com/bangumi/media/md5997 （2019/4/21）

【119：绅士】**03** ＝ https://www.bilibili.com/bangumi/play/ep29246 （2019/2/16）

【120：补魔】**04** ＝ http://www.iqiyi.com/a_19rrharxtp.html （2019/5/27）

【130：口嫌体正直】**01** ＝ https://www.bilibili.com/bangumi/play/ep35602?from=search&seid=17041791811065984729 （2019/5/17）

【131：前方高能】**02** ＝ https://www.bilibili.com/bangumi/play/ep259743 （2019/3/23）

【132：空降成功／失败】**03** ＝ https://www.bilibili.com/bangumi/media/md13372924/?from=search&seid=15246072328484111606 （2019/2/16）

【138：瞎了狗眼】**04** ＝ https://www.facebook.com/KaoXiaLeWoDe24kLuTaiHeJinDianCiPaoGouYan/ （2019/5/27）

【150：吃瓜群众】

06 ＝ https://read01.com/zh-my/LM8odJ.html#.XOuuKNHgo7w （2019/5/27）

06 ＝ http://www.sohu.com/a/211685317_665459 （2019/5/27）

【155：德国骨科】**07** ＝ https://www.bilibili.com/bangumi/play/ss26870#267787 （2019/5/27）

日本語逆引き索引

※数字は用語の通し番号です。

あ

アイドル　072

アイドルの曲や MV などの閲覧数を増やす行為　095

愛を原動力に二次創作を生産する　148

新しくハマる芸能人やカップリング　084

アッー！　109

アニメ・マンガの総称　001

アニメを翻訳するファンの自発的組織　009

ありのまま（褒め言葉）　151

ある分野に詳しい人　053

アンチ　079

アンチ行為　079

一眼レフカメラ　082

一途　128

イベント会場での代理購入　045

色で推しを表す　025

インターネットミーム　070

Web ページが規制あるいは削除されること　050

受け　106

薄い本　111

うちの　099

うちらの　099

裏技　027

運営が主導しグループ内の人気差をなくすこと　102

運営に推されたメンバー　104

営業する　091

AcFun（中国の動画共有サイト）　005

エロい　110

応援　100

大手　036

OP 飛ばしが成功／失敗　132

お金を使いすぎて余裕がなくなった様子　060

推し　076、086

推し増し　084

おすすめ　039、118

オタク　002、003

オタクコミュニティー　002

オタク向けコンテンツの総称　002

男なら巨乳に萌える　133

男の娘　015

音 MAD　019

親バカ　139

か

ガイド　118

外野　150

顔ファン　064

カップリング　035

カミソリレター　030

顔面偏差値　092

勧誘　039

キャラ　087

キャラクター bot　040

キャラ語尾として使用（意味はない）　016

キャラ崩壊　042

近親相姦　155

空気が読めない／空気を読む　140

クール　088

口では嫌だと言っても体は正直なものだ　130

グッズ　098

クラスタ　075

来るぞ来るぞ　131

クロスオーバー　043
クロスオーバーカップリング　044
kwsk　052
くん（敬称）　056
恋人予備軍　116
公式が最大手　136
コールを入れる（オタ芸）　100
コカコーラ　069
ごく一般のオタク　037
心のお○ん○ん　122
国家新聞出版広電総局　066
コンテンツにお金を払わない上に態
　度がでかい人　011
コンテンツのエロさを称賛　135

さ

サービス　127
サービスシーン　127
作品の完結を待ち続ける状態　010
ざわざわ　131
さん（敬称）　058
賛成　048
自慰している／していない　135
塩対応　088
自己暗示　108
仕事としてファンサービスすること
　091
自己満　108
自主規制　149
自重ルール　149
実在する　101
自分のこと　086
下ネタを話す　114
写真のピントがぶれぶれの様子
　105
重課金ユーザー　014
18 禁のエロアニメ　021
18 禁のコンテンツを共有する　114

主人公最強　161
証拠　097
ショートアニメ　022
職業の転換　121
女性を口説く　118
しょぼい CG　146
信者　078
人民元　068
深夜の飯テロ　152
スイーツ（笑）　061
好き　012、100
すげー　032
すごい　032
ストレスが大きい　160
スレ主　054
性行為　120
世界観・価値観・人生観が正しくな
　い　154
攻め　106
センター　085
戦闘食を持参して戦うネット工作員
　062
戦闘力たったの 5…ゴミめ…　024
全年齢向けのコンテンツ　041
空耳　018

た

大丈夫だ問題ない　133
大変満足している　153
叩かれる　071
叩く　071
誰かと交際しはじめる　125
担当　076
チート主人公（キャラ）　161
痴漢　128
ちゃん（敬称）　057
中華人民共和国文化部　067
つえぇ　032

DD　077
天真爛漫　061
天然　061
転載　020
同一 CP　142
動画上に流れるコメントのこと
　017
道徳と芸の才能が共に優れている
　137
ド S　019

な

仲の良い同性の友人　055
（泣）　051
なでなで　029
何かにハマっている　073
なりきりアカウント　040
肉○器　115
二次元のキャラクター　028
二次創作物　038
日本　031
日本語の H と同じ意味　107
にわかファン　074
人気がなくなったこと　105
人気最上位／最下位　103
沼　010
熱狂的なファン　063
熱狂的なファン（厨）　078
ネット上で痛い発言をする女性オタ
　ク　033
ネット中毒の少年／少女　145
NTR（寝取られ）　113
粘着　128
脳内補完　163
NL（Normal love）　034

は

ハーレム　123

爆発的に射精した　126
箱推し　077
パンツ　112
BL 小説　047
ひいきする　139
ひとつの時代が終わった　156
人々が喜んで聞き楽しんで見るもの
　129
一人だけ売れている　158
bilibili（中国の動画共有サイト）
　006
ピンク髪のキャラクターは全員腹黒
　023
ファン　073、074
ファンが運営している応援サイト
　080
ファンが喜びそうなネタを提供する
　行為　089
ファンの心を釣る　090
風俗　117
フェチ　012
腐女子　004
文芸作品　129
変態　119
ぼっち　065
本尊　083
本当のこと　101
翻訳されていないマンガやアニメ
　007

ま

負け組　059
まったり　096
待ってました　143
マナーを守って巨乳を鑑賞しよう
　134
魔法少女　147
マンガ・ゲームを翻訳するファンの

自発的組織　008
みんなのコメントのお蔭で怖くない
　141
無差別人身攻撃　157
メアリー・スー　046
目が、目がぁ～！　138
面食い　064
妄想　108
盲目フィルター　139
萌え属性のひとつ　112
萌え豚　013

や

優しくて人の心を温めるような男性
　094
やじ馬　150
ヤラカシ　081
やりがい搾取　148
やれる　124
友情・絆が生まれる　159
有情破顔拳　159
ゆとり世代　162
夢女子　046

ら

来週のアニメを見るまでは生きろ
　026
ライバル　144
ライフハック　027
理性的議論　096
ロリータ　033

わ

若いイケメン　093
www　049

ピンイン索引

※数字は用語の通し番号、太字は見出し用語です。

A

A 站（A zhàn） 005
埃罗芒阿老师（àiluō mángā lǎoshī）
110
爱豆（àidòu） 072
爱奇艺（àiqíyì） コラム 1
阿鲁（ālǔ） 016
安利（ānlì） 039
安利新番（ānlì xīnfān） 039
傲娇（àojiāo） 130
av 画质（av huàzhì） コラム 1
阿宅（āzhái） 003

B

B 站（B zhàn） 006
8 字母（bā zìmǔ） 107
back（back） 103
八卦（bāguà） 052
白痴（báichī） 061
百度（bǎidù） コラム 1
百度贴吧（bǎidù tiēba） コラム 1、
155
白嫖（báipiáo） 011
阪蛋（bǎndàn） コラム 2
搬运（bānyùn） 020
搬运工（bānyùngōng） 020
宝宝（bǎobao） 086
爆表（bàobiǎo） 092
818（bāyībā） 052
八一八卦（bāyībāguà） 052
备胎（bèitāi） 116
备胎转正（bèitāi zhuǎnzhèng） 116
备胎男（bèitāinán） 116

备胎女（bèitāinǚ） 116
本子（běnzi） 111
BG（BG） 034
变态（biàntài） 107
飙车（biāochē） 114
表番（biǎofān） 021
表情包（biǎoqíngbāo） 070
表情包大战（biǎoqíngbāo dàzhàn）
070
玻璃（bōli） 106
不带粉丝滤镜（bùdài fěnsī lǜjìng）
139
不读空气（bùdú kōngqì） 140
不动 C（bùdòng C） 085
布鲁玛（bùlǔmǎ） 112
补魔（bǔmó） 120

C

草莓胖次（cǎoméi pàngci） 112
蹭得累（cèngdélèi） 130
产出（chǎnchū） 038
场代（chǎngdài） 045
场取（chǎngqǔ） 045
臣隆刚色（chén lóng gāng sè） コラム 2
澄空学園字幕组（chéngkōng
xuéyuán zìmùzǔ） 009
吃瓜群众（chīguāqúnzhòng） 150
痴汉（chīhàn） 128
痴汉脸（chīhànliǎn） 128
痴汉笑（chīhànxiào） 128
吃土（chītǔ） 060
○○吹（chuī） 073
锤子（chuízi） 097
CP（CP） 035
CP 粉（CP fěn） 076
脆皮鸭文学（cuìpíyā wénxué） 047
C 位（Cwèi） 085

D

打榜（dǎbǎng）**095**
大保健（dàbǎojiàn）**117**
打 call（dǎcall）**100**
大触（dàchù）036
大大（dàdà）036
打电话（dǎ diànhuà）100
打国际电话（dǎ guójì diànhuà）100
呆妹（dāi mèi）コラム 2
带飞全团（dàifēi quántuán）158
代购（dàigòu）045
戴绿帽（dàilǜmào）017、113
带球撞人（dàiqiú zhuàngrén）134
打尻（dǎkāo）100
大坑（dàkēng）010
dalao（dàlǎo）053
大佬（dàlǎo）053
大力发展动漫产业（dàlì fāzhǎn dòngmàn chǎnyè）001
单手打字（dānshǒu dǎzì）135
担当（dāndāng）076
耽美狼（dānměiláng）004
弹幕（dànmù）017
弹幕护体（dànmù hùtǐ）141
单身狗（dānshēngǒu）089、138
岛国（dǎoguó）031
大炮（dàpào）082
大学狗（dàxuégǒu）138
大丈夫萌大奶（dàzhàngfū méngdànǎi）133
德国骨科（déguó gǔkē）155
的说（deshuō）016
德艺双馨（déyìshuāngxīn）137
殿（diàn）058
电车痴汉（diànchē chīhàn）128
殿下（diànxià）058
钓（diào）090
钓神（diàoshén）090

动画（dònghuà）001
动画宅（dònghuà zhái）003
冻鳗（dòngmàn）001
动漫（dòngmàn）001
动漫花园（dòngmàn huāyuán）コラム 1
怼（duì）071
读空气（dú kōngqì）140
毒唯（dúwéi）077
赌五毛这里有本子（Dǔ wǔmáo zhè lǐ yǒu běnzǐ）111

E

二次元（èr cìyuán）002
2.5 次元（èr diǎn wǔ cìyuán）002
二刺螈（èrcìyuán）003
二郎的人间失格（èrláng de rénjiān shīgé）コラム 2
233（èrsānsān）049

F

发车（fāchē）114
放飞自我（fàngfēizìwǒ）151
饭 juan（fànjuan）075
饭拍（fànpāi）080
翻墙（fānqiáng）コラム 1
饭圈（fànquān）075
番位（fānwèi）085
发糖（fātáng）089
肥宅快乐鸡（féizhái kuàilèjī）069
肥宅快乐胶（féizhái kuàilèjiāo）069
肥宅快乐兽（féizhái kuàilèshòu）069
肥宅快乐水（féizhái kuàiyàoshuǐ）069
粉（fěn）073
粉毛切开来都是黑的（Fěnmáo qiē kāi lái dōu shì hēi de）023
粉头（fěntóu）073

焚化（fénhuà）067
焚化部（fénhuàbù）067
粉切黑（fěnqiēhēi）023
粉丝（fěnsī）073
粉丝滤镜（fěnsī lǜjìng）139
粉丝滤镜太厚（Fěnsī lǜjìng tài hòu）
　139
福利（fúlì）127
腐女（fǔnǚ）004
扶贫（fúpín）102
扶她（fútā）015
副推（fùtuī）076

G
钙（gài）106
钙片（gàipiàn）106
高能预警（gāonéng yùjǐng）131
个人（gèrén）080
个站（gèzhàn）080
攻（gōng）106
公车（gōngchē）115
公车私用（gōngchē sīyòng）115
公交车（gōngjiāochē）115
工科狗（gōngkēgǒu）138
工口（gōngkǒu）110
工口漫画（gōngkǒu mànhuà）110
攻略（gōnglüè）118
工友（gōngyǒu）コラム2
狗粮（gǒuliáng）089
狗眼看人低（Gǒuyǎn kànrén dī）138
狗眼已瞎（gǒuyǎn yǐxiā）138
官逼同死（guānbītóngsǐ）136
官方发糖（guānfāng fātáng）089
广电总局（guǎngdiànzǒngjú）066
光腚肿菊（guāngdìngzhǒngjú）066
灌水（guànshuǐ）063
官图（guāntú）080
固粉（gùfěn）073

鬼畜（guǐchù）006
鬼畜（guǐchù）019
鬼畜全明星（guǐchù quánmíngxīng）
　019
鬼畜攻（guǐchùgōng）019
滚床单（gǔnchuángdān）120
国产动画（guóchǎn dònghuà）001
国漫（guómàn）001

H
H（H）107
哈哈哈哈（hāhāhāhā）049
汉化组（hànhuàzǔ）008
好评如潮（hǎopíngrúcháo）129
喝风（hēfēng）060
黑（hēi）079
黑粉（hēifěn）079
黑料（hēiliào）079
很黄很暴力（hěn huáng hěn bàolì）110
和谐（héxié）050
河蟹（héxiè）050
和谐社会（héxié shèhuì）050
红红火火（hónghónghuǒhuǒ）049
后宫（hòugōng）123
后宫动画（hòugōng dònghuà）123
后宫漫画（hòugōng mànhuà）123
后宫起火（hòugōng qǐhuǒ）123
糊（hú）105
花痴（huāchī）128
黄暴（huángbào）110
污（wū）110
恍恍惚惚（huǎnghuǎnghūhū）049
幻肢（huànzhī）122
幻肢痛（huànzhī tòng）122
毁三观（huǐ sānguān）154
混剪（hùnjiǎn）043

I

IT 狗（IT gǒu）138

口嫌体正直（kǒuxián tǐzhèngzhí）130

J

极影动漫（jíyǐng dòngmàn）コラム1
家里蹲（jiālǐdūn）003
酱（jiàng）057
角虫（jiǎochóng）036
搅基（jiǎojī）055
+1（jiāyī）048
寄刀片（jìdāopiàn）030
基佬（jīlǎo）055、106
精分（jīngfēn）142
精神分裂（jīngshénfēnliè）142
金融狗（jīnrónggǒu）138
计数君（jìshùjūn）056
姬友（jīyǒu）055
基友（jīyǒu）055
巨巨（jùjù）036
苣苣（jùjù）036
菌（jūn）056
君（jūn）056

K

开地图炮（kāidìtúpào）157
开炮（kāipào）157
靠爱发电（kào'ài fādiàn）148
可爱的男孩子（kě'ài de nánháizi）
015
课金（kèjīn）014
氪金（kèjīn）014
课金玩家（kèjīn wánjiā）014
氪金玩家（kèjīn wánjiā）014
坑（kēng）010
控（kòng）012
空耳（kōng'ěr）018
**空降成功（kōngjiàng chénggōng）
132**
空降失败（kōngjiàng shībài）132

L

拉郎配（lālángpèi）044
蓝色谷子（lánsè gǔzi）コラム2
蓝白条纹（lánbái tiáowén）112
老师（lǎoshī）036
老司机（lǎosījī）053、114
累成狗（lèichéng gǒu）138
冷 CP（lěng CP）035
亮瞎狗眼（liàngxiā gǒuyǎn）138
里番（lǐfān）021
理科狗（lǐkēgǒu）138
0（líng）106
灵车（língchē）149
理讨（lǐtǎo）096
李涛（Lǐtāo）096
溜（liù）032
6 分钟的诅咒（liù fēnzhōng de zǔzhòu）
コラム1
666（liùliùliù）032
理智讨论（lǐzhì tǎolùn）096
理智粉（lǐzhìfěn）078
楼上（lóushàng）054
楼下（lóuxià）054
楼主（lóuzhǔ）054
Lz（lóuzhǔ）054
乱炖（luàndùn）043
绿白条纹（lǜbái tiáowén）112
萝莉（luólì）033
Loli（luólì）033
萝太（luótài）015
路人粉（lùrénfěn）073
卢瑟（lúsè）059
撸瑟（lūsè）059

M

马猴烧酒（mǎhóushāojiǔ）147

卖人设（mài rénshè）087
麦麸（maifū）004
卖腐（maifǔ）004
玛丽苏（mǎlìsū）046
漫画（mànhuà）001
猫控（māokòng）012
猫扑（māopū）049
萌豚（méngtún）013
萌新（méngxīn）003
迷（mí）074
面基（miànjī）055
迷弟（mídì）074
迷妹（mímèi）074
民工团（míngōngtuán）　コラム 2
模糊（móhú）105
摸头杀（mōtóushā）029

N

男后宫（nánhòugōng）123
男主绿了（Nánzhǔ lǜle）113
脑补（nǎobǔ）108、163
脑残粉（nǎocánfěn）078
脑洞（nǎodòng）108
脑内补完（nǎonèibǔwán）163
内嵌（nèiqiàn）007
能干（nénggàn）124
逆 CP（nì CP）035
你知道安利吗（Nǐ zhīdào ānlì ma）
　039
娘啾（niáng jiū）　コラム 2
尿番（niàofān）022
霓虹（níhóng）031
泥轰（níhōng）031
逆后宫（nìhòugōng）123
尼特（nítè）003
牛逼（niúbī）　コラム 2
牛头人（niútóurén）113
暖男（nuǎnnán）094

女装 dalao（nǚzhuāng dàlǎo）015

O

OOC（OOC）042
欧尼酱（ōuníjiàng）057
欧派（ōupài）112
偶像（ǒuxiàng）072
偶像宅（ǒuxiàng zhái）003

P

排（pái）048
排队（páiduì）048
排右（páiyòu）048
胖（pàng）　コラム 2
胖次（pàngcì）112
炮姐（pàojiě）082
泡面番（pàomiànfān）022
啪啪啪（pāpāpā）120
爬墙（páqiáng）084
配对（pèiduì）035
平成废物（píngchéngfèiwù）162
平成肥宅（píngchéngféizhá）162
Po 主（Pozhǔ）054

Q

○○骑（qí）073
掐 CP（qiā CP）035
前方高能反应（qiánfāng gāonéng
　fǎnyìng）131
前方核能（qiánfāng hénéng）131
**前方高能（qiánfāng gāonéng）
131**
墙头（qiángtóu）084
墙头草（qiángtóucǎo）084
千夏字幕组（qiānxià zìmùzǔ）009
前线（qiánxiàn）080
亲（qīn）057
轻之国度（qīng zhī guódù）009

情结（qíngjié）012
清水（qīngshuǐ）041
亲儿子（qīnérzi）104
亲女儿（qīnnǚ'ér）104
圈地自腐（quāndìzìfǔ）149
圈地自萌（quāndìzìméng）149
群像（qúnxiàng）043
去死去死团（qùsǐqùsǐtuán）125

R_____
人民币玩家（rénmínbìwánjiā）014
人人网（rénrén wǎng）コラム1
人设（rénshè）087
人设崩塌（rénshè bēngtā）087
rio（rio）101
日文说得很溜（Rìwén shuō dé hěn
　liū）032
肉文（ròuwén）041
软妹（ruǎnmèi）068
软妹币（ruǎnmèibì）068

S_____
三次元（sān cìyuán）002
桑（sāng）058
三观不合（sānguānbùhé）154
三观不正（sānguānbùzhèng）154
骚操作（sāocāozuò）027
傻白甜（shǎbáitián）061
杀必死（shābìsǐ）127
傻瓜（shǎguā）061
晒胸（shàixiōng）098
晒罩杯（shàizhàobēi）098
上升蒸煮（shàngshēng zhēngzhǔ）
　083
生肉（shēngròu）007
声豚（shēngtún）013
神曲（shénqǔ）019
绅士（shēnshì）119

伸手党（shēnshǒudǎng）011
深夜报复社会（shēnyè bàofù
　shèhuì）152
深夜报社（shēnyèbàoshè）152
实锤（shíchuí）097
时代眼泪（shídài yǎnlèi）156
时间玩家（shíjiān wánjiā）014
受（shòu）106
11区（shíyī qū）031
双担（shuāngdān）076
双手打字（shuāngshǒu dǎzì）135
水军（shuǐjūn）063
水仙（shuǐxiān）142
熟肉（shúròu）007
私车公用（sīchē gōngyòng）115
死库水（sǐkùshuǐ）112
404（sìlíngsì）050
四拼一（sìpīnyī）コラム1
私生（sīshēng）081
私生活（sīshēnghuó）081
死宅（sǐzhái）003
○○苏（sū）073

T_____
她很暖（Tā hěn nuǎn）094
太年轻，太天真，有时很幼稚（Tài
　niánqīng, tài tiānzhēn, yǒushí
　hěn yòuzhì）061
太甜了（tài tián le）061
太天真了（tài tiānzhēn le）061
太太（tàitài）036
炭（tàn）057
糖里有毒（táng li yǒudú）089
贪婪大陆（tānlán dàlù）コラム1
腾讯（téngxùn）025
填坑（tiánkēng）010
天下漫友是一家（Tiānxià mànyǒu
　shì yījiā）001

ピンイン索引

天涯论坛（tiānyá lùntán）　コラム 1
童车（tóngchē）114
同人本（tóngrénběn）111
同人女（tóngrénnǚ）004
同性交友网站（tóngxìng jiāoyǒu wǎngzhàn）006
同志（tóngzhì）106
top（top）103
头（tóu）073
团饭（tuánfàn）077
团员（tuányuán）125
土豆网（tǔdòu wǎng）　コラム 1
推（tuī）076
脱饭（tuōfàn）075
脱团（tuōtuán）125
图源（túyuán）009
兔子（tùzì）106

W
外挂（wàiguà）007
外貌协会（wàimàoxiéhuì）064
歪歪（wāiwāi）108
YY（wāiwāi）108
YY 文（wāiwāiwén）108
网瘾少年（wǎngyǐn shàonián）145
网瘾少女（wǎngyǐn shàonǚ）145
伪腐（wěifǔ）004
唯饭（wéifàn）077
伪郎（wěiláng）015
伪娘（wěiniáng）015
文化（wénhuà）067
文科狗（wénkēgǒu）138
文明观球（wénmíngguānqiú）134
文艺空耳（wényì kōng'ěr）018
WOLF 字幕组（WOLF zìmùzǔ）009
我社保（wǒshèbǎo）126
我射爆（wǒ shèbào）126

wuli（wuli）099
五毛特效（wǔmáo tèxiào）146
五毛党（wǔmáodǎng）062
五迷（wǔmí）074
呜呜呜（wūwūwū）051
555（wūwūwū）051
五月天迷（wǔyuètiānmí）074

X
囍（xǐ）017
下海（xiàhǎi）121
瞎了狗眼（xiāle gǒuyǎn）138
相爱相杀（xiāng'àixiāngshā）144
小萝莉（xiǎo luólì）033
小嫩肉（xiǎonènròu）093
小透明（xiǎotòumíng）037
小鲜肉（xiǎoxiānròu）093
小学生（xiǎoxuéshēng）006、033
下限空耳（xiàxiàn kōng'ěr）018
洗粉（xǐfěn）073
吸粉（xīfěn）073
西瓜（xīguā）150
洗脚婢（xǐjiǎobì）103
洗脑（xǐnǎo）019
洗牌（xǐpái）073
西皮（xīpí）035
喜闻乐见（xǐwénlèjiàn）129
学霸人设（xuébà rénshè）087

Y
鸭梨（yālí）160
亚历山大（yàlìshāndà）160
压力像山一样大（Yālì xiàng shān yīyàng dà）160
盐（yán）088
颜表立（yánbiǎolì）025
样（yàng）058
颜狗（yángǒu）064

眼镜控（yǎnjìngkòng）012
盐神（yánshén）088
眼神糖（yǎnshéntáng）089
颜值（yánzhí）092
颜值爆表（yánzhí bàobiǎo）092
颜值担当（yánzhí dāndāng）092
野生字幕君（yěshēngzìmùjūn）056
1（yī）106
一本满足（yīběnmǎnzú）153
营业（yíngyè）091
营业CP（yíngyè CP）091
营业水平（yíngyè shuǐpíng）091
嘤嘤嘤（yīngyīngyīng）051
硬照（yìngzhào）080
一生推（yīshēngtuī）076
意淫（yìyín）108
Yoooo（Yoooo）109
优酷土豆（yōukù tǔdòu）025
优酷网（yōukù wǎng）　コラム1
有情（yǒuqíng）159
**友情破颜拳（yǒuqíng pòyán
　quán）159**
**有生之年（yǒushēngzhīnián）
　143**
原耽（yuándān）004
原Po（yuánPo）054
语C（yǔC）040
月半（yuè bàn）　コラム2
运营（yùnyíng）104
语言cos（yǔyán cos）040
御宅族（yùzháizú）003

Z
赞成＋1（zànchéng jiā yī）048
宅男（zháinán）003
宅男女神（zháinán nǔshén）003
宅女（zháinǔ）003
宅舞（zháiwǔ）025

战斗民族（zhàndòu mínzú）024
战斗力只有五的渣滓（Zhàndòulì
　zhǐyǒu wǔ de zhāzǐ）024
站位（zhànwèi）085
战五渣（zhànwǔzhā）024
站子（zhànzi）080
罩杯（zhàobēi）098
昭和男儿（zhāohé nán'ér）162
正常向（zhèngchángxiàng）034
正宫（zhènggōng）123
正主（zhèngzhǔ）083
蒸煮（zhēngzhǔ）083
这周就指望这部番活了（Zhèzhōu jiù
　zhǐwàng zhè bù fān huóle）026
纸片人（zhǐpiànrén）028
中央空调（zhōngyāng kòngtiáo）094
周边（zhōubiān）098
周指活（zhōuzhǐhuó）026
注定孤独一生（zhùdìng gūdú
　yīshēng）065
注孤生（zhùgūshēng）065
**主角光环（zhǔjiǎoguānghuán）
　161**
主推（zhǔtuī）076
主页君（zhǔyèjūn）056
自带干粮的五毛（zìdài gānliáng de
　wǔmáo）062
自发而来的水军（zìfāérlái de
　shuǐjūn）063
自干五（zìgānwǔ）062
自攻自受（zìgōngzìshòu）142
自行脑补（zìháng nǎobǔ）163
自来水（zìláishuǐ）063
字幕君（zìmùjūn）056
字幕组（zìmùzǔ）09
总裁人设（zǒngcái rénshè）087
最右（zuìyòu）048
足控（zúkòng）012

ピンイン索引

223

作品名・人名・キャラクター名索引

※数字はページ数です。

あ

逢空万太　165
間の楔　16
ivory　182
ISLAND　194
蒼井そら　70、73、171
青山剛昌　27、177
赤西仁　109
秋元康（秋P）　136
秋山澪　146
暁美ほむら　177
アズールレーン（アズレン）　158、159
麻生周一　177
Amazing China　191
嵐　161
アルスラーン戦記　179
アルティメットまどか（アルまど）　39
庵野秀明　166
行け！稲中卓球部　158
石川雅之　76
泉こなた　165
いちご100%　146
井上堅二　158
今市隆二　209
岩田剛典　209
五月天（ウーユェティェン）　107
呉磊（ウー・レイ）　111
ウェイバー　48
うずまきナルト　198
内海紘子　203
うらら迷路帖　44

虚淵玄　48
ヱヴァンゲリオン　166
ヱヴァンゲリオン劇場版：破　166
EXILE　208、209
EXO　129
えすのサカエ　38
江戸川コナン　177
衛宮切嗣　48
衛宮士郎　153
エロマンガ先生　144、145
大河内一楼　48、49、177
岡田麿里　48
緒方（恵美）　77
小栗旬　161
おジャ魔女どれみ　36
処女はお姉さまに恋してる　31
お兄ちゃんだけど愛さえあれば関係ないよねっ　194
お兄ちゃんのことなんかぜんぜん好きじゃないんだからねっ!!　194

か

カードキャプターさくら　182、183
かきふらい　146
神楽　32
我妻由乃　38
春日野悠　157
KAT-TUN　109
加藤恵　47
鎌池和馬　116、198
上条当麻　198
神谷明　196
神谷浩史　196
亀梨和也　109
加代　→雛月加代
河下水希　146
艦隊これくしょん（艦これ）　32、178、201

ガンダム　166
岸本斉史　198
機動戦士ガンダム SEED　38
機動戦士 Z ガンダム　195
木之本桜　182
ギャグマンガ日和　152
キュゥべえ　183
切嗣パパ　→衛宮切嗣
ギルガメッシュ　48
「金坷垃」をください　36
銀子　177
銀魂　32、54、63、161、165、177
銀時　54、161、177
金ぴか　→ギルガメッシュ
クール教信者　44
釘宮理恵　164
草彅剛　190
草野紅壱　194
工藤新一　177
クマ吉くん　152、153
久米田康治　165
CLAMP　182
黒子のバスケ（黒バス）　63
黒執事　149
けいおん！　146
林更新（ケニー・リン）　91
Koi　44
公式月刊 EXILE　209
江沢民　80
紅楼夢　141、194
コードギアス　反逆のルルーシュ
　49、177
小島アジコ　15
ご注文はうさぎですか？　44
孤独のグルメ　189
小林さんちのメイドラゴン　44

さ

斉木楠雄　177
斉木楠雄のΨ難　177
斉木楠子　177
西遊記　ヒーロー・イズ・バック
　83
佐倉綾音　178
さよなら絶望先生　165
三蔵法師　83
三代目 J SOUL BROTHERS（JSB）
　208、209
シエル　149
島崎遥香　121、122
ジャスミン・ギュ　69
薛之謙（ジャッキー・シュエ）　121
上海アリス幻樂団　35
周恩来　163
じょしらく　165
新海（誠）　74
仁亀　→赤西仁・亀梨和也
新條まゆ　155
SUPER JUNIOR　111
スーパーロボット大戦　197
杉田広美　148
鈴木大輔　194
スタートレック　64
SMAP　190
勢多川正広　156
絶愛　16
川柳少女　193
空知英秋　32、165、177
孫悟空　83
ソン・ジュンギ　107
孫文　71

た

タオちゃん　→黄子韜（ファン・ズー
　タオ）

高橋留美子　177
高町なのは　182
武内直子　182
橘真琴　203
谷口悟朗　49、177
ちびまる子ちゃん　98
周子瑜（チョウ・ツウィ）　90、91
都築真紀　182
田暁鵬（ティエン・シャオポン）　84
電車男　13
とある科学の超電磁砲　116
とある魔術の禁書目録　198
同居人はひざ、時々、頭のうえ。　43
刀剣乱舞（とうらぶ）　27
東堂いづみ　36
東方 Project　35
TWICE　90、129
冨樫義博　27、188
トキ　198
登坂広臣　209
となりの 801 ちゃん　15
富野由悠季　38、195
巴マミ　146
ドラえもん　98
ドラゴンボール　39、126
鳥山明　39、126
Don't watch an anime called boku
　142、143

な

ナイツ & マジック　72
奈須きのこ　153
七瀬遥　203
NARUTO−ナルト−　198
二宮和也（二ノ）　181
ニャンちゅう　208、209
人間失格　208、209

は

ハイキュー !!　16
這いよれ！ニャル子さん　165
覇王♥愛人　155
バカとテストと召喚獣　158
Back Street Girls　69
初音ミク　146
花より男子　85
原哲夫　198
はりかも　44
ぱるる　→島崎遥香
HUNTER × HUNTER　27
柊かがみ　164
土方（十四郎）　54
美少女戦士セーラームーン　182、
　183
ヒトラー〜最期の 12 日間〜　39
ひとりじめマイヒーロー　156
雛月加代　147
紘子　→内海紘子
広美　→杉田広美
黄子韜（ファン・ズータオ）　132
Fate/Zero　48
Fate/stay night　153
非人哉（フェイレンツァイ）　168
Fallout　45
伏見つかさ　144
毒島エイジ　193
BLACK PINK　129
ブラックペアン　181
Free!　179
ブリュンヒルデ（ブリュン）　164
古谷実　158
武論尊　198
フロントウイング　194
防弾少年団　129
僕だけがいない街　147
北斗の拳　198

ボクの彼女はガテン系　147

ま

馬天宇（マー・ティエンユー）　178
Magica Quartet　41、177
magnet　177
まこはる　→橘真琴・七瀬遙
正広　→勢多川正広
マジすか学園　122
増田こうすけ　152
松岡（禎丞）　140
まどか　41
まどそふと　194
魔法少女まどか☆マギカ　41、177、
　183
魔法少女リリカルなのは　182、183
マミ先輩　→巴マミ
御坂美琴（美琴ちゃん）　116、141
三つ編みメガネほむら　177
みなつき　43
宮小路瑞穂　31
未来日記　38
名探偵コナン　27、177
麻枝准　48
まゆゆ　→渡辺麻友
モブサイコ100（モブサイ）　159、
　167
もやしもん　76

や

柳楽優弥　161
ヤス　165
矢立肇　38、195
山下健二郎　209
山本寛（ヤマカン）　187
夕立　32
幽遊白書　77
ユーリ !!!on ICE　173

雪白七々子　193
遊佐浩二　178
ゆとりですがなにか　122
ゆるキャン　44
美水かがみ　164
ヨスガノソラ　157

ら

ライダー　48
らき☆すた　164、165
ラクス・クライン　38
ラディッツ　39
乱馬　177
らんま　177
らんま 1/2　177
ルハン（鹿晗〈ル・ハン〉）　133
Red Velvet　129
レベル E　188

わ

YOI　→ユーリ !!!on ICE
渡辺麻友　109
ワガママハイスペック　194
Wanna one　129
ONE PIECE　10

ピンイン

动漫时代（dòngmàn shídài）　9
金坷垃（jīnkēlā）　35
恋与制作人（liàn yǔ zhìzuòrén）　46
全明星（quánmíngxīng）　20
瑞穂（ruìsuì）　31
绅士大概一分钟（shēnshì dàgài yī
　fēnzhōng）　153
我的腐女友（wǒdefǔnǚyǒu）　15

作品名・人名・キャラクター名索引

事項索引

※数字はページ数です。見出し語を見ただけでは想像できない、コンテンツ環境の面白さを知るためのキーワード索引です。

あ

愛がある同人作品をたくさん生産して無料で発表してくれることへの感謝　185

アイドルオタクのMっぽい発想　122

「アイドル」という概念の変容　103

アニメ・ドラマなど映像を翻訳するファンの組織　24

アムウェイ　59

違法アップロード　23、98

意味不明な言葉の羅列をどう読み解くか　204

妹にガチ恋をして肉体関係まで持ったが、家族にバレてしまい、父親に骨折するまで叩かれ、ドイツまで行って治療を受けたという話　193

AVのキャプチャーを一目見て、すぐに女優の名前・ダウンロードリンクを提供してくれるような人　72

オタク同士の中でしか使わない自虐的な隠語　14

オタクの教養　165

オタクの女神　13

オタクのリテラシー　26

同じグループのファン同士が対立　112

オフ会　12、74、75、112

か

海賊版　21、22、28、98、101、102

カップリング厨　109、134

カメラアプリ、写真加工アプリのフィルター機能　174

キャラクターごとにテーマカラーが設定される手法　41

キャラ語尾　32

キャラ自動避け弾幕　42

空港ファッションのファン写真　115

掲示板　13、21、25、26、58、67、68、71-73、81、83、85、93-96、98、129、186、192、193

検閲　22、87、88、95、98、99、102、194、204、205、207

検索のコツ　207

原動力は作品・推しなどに対しての「愛」　83

さ

CDの売り上げ枚数よりも、インターネット上での再生数やダウンロード数のほうがずっと大事　128

視覚体系　206、207

自分たちが今まで教わってきた侵略的、好戦的な日本兵のイメージと大きなギャップ　201

手動投稿型bot　60

数字で入力したほうがピンイン方式より変換の手間を減らせる　70

政治プロパガンダに踊らされた普通の人々　82

戦闘力の強い民族　39

た

弾幕文化　41-43

チャットツール　89、90、96、204

中華オタクが利用するインターネットサービスの変遷　95

中華動画サイトの弾幕あるある　33

中華腐女子の特殊な言葉の使い方

177、178
中華腐女子の独自の言語体系　15
中華腐女子の中のBLと現実　17
中国語の「御宅族」の命名者　12
中国政府とアニメ・マンガ産業　10
中国初のオタク向け動画共有サイト
　10、19、21、22、34
調和のとれた社会　70
動画サイト　19、21、22、26、33、
　41、42、97、98、154、167、168、
　176、192
動画転載の需要　37

な

なぜ字幕組に入りたがるのか　25
日中弾幕文化の違い　43
日本から輸入されたオタクへの固定
　観念　85
日本の深夜アニメ　194、195
日本を指す用語　49
年齢制限のあるコンテンツ　60

は

パソコン、スマートフォンの中国
　語入力の自動変換　17、70、88、
　131、147、199、204
話し言葉体系　204、206、207
「BL小説」を指す隠語　65
ファンの細分化　106
腐女子に媚びる行為　17
「腐女」をターゲットとした商法　17
文化部　87、163
平成デブオタク　201
方言　32、39、45、72、91、139、152、
　205

ま

マンガやゲームの中国語化　24

ら

ラノベブーム（台湾）　9
レガシーのメディアとインターネット
　22
ロシア　40

わ

わいせつ関連用語の検索　144、153

T

Too young, too simple, sometimes
　naive　81

あとがき

　幼い頃から、いつか自分の書いた文章が本になって、書店に並ぶことを夢を見ていた。人に読まれる本を出版することは大変だろうし、死ぬまでに一冊でも出せれば満足だと思っていた。その夢は予想よりずっと早く叶うことになったが、今でもあまり実感がないというのが正直なところだ。

　社会人として悶々と日々を過ごしていて、何か自分にしかできないことをやりたいと考えた衝動が、こんなに早く結果に結びつくとは思いもしなかった。冒頭の「はじめに」では偉そうなことを書いたけれど、そもそも同人誌を作ろうとしたのは「自分の承認欲求を満たしたかった」からに他ならない。なので本書の用例には自分好みのネタを入れてみたり、イキリオタクを演じたりして遊んでみた。結果的に用例がおもしろいと感想を寄せてくれた方が多く、本当に嬉しい限りであった。書籍版はこれらの面白みを維持しつつ、本としての完成度を高めることに努めた。最初に同人誌を作ったとき、この解説は面倒くさいから次の章や次巻で解説すればいいやとか、ここはもっといい表現があるんじゃないかと悩んでいた箇所は、今回の書籍化によってすべて解決することができた。正直、ゼロから作る同人誌よりも辛かったが、出来上がった本を改めて見ると、やはり出した甲斐があったなと感じている。

　「あとがき」だからいえるが、書籍化するにあたって少し残念だったことがある。そのひとつが画像である。同人誌を作成していたときにコツコツを集めおけば、もっと適切な画像があったのではないかと後悔することがしばしばあった。キャプチャーを取りたかったアニメの正式放送が終了しているものが多く、結果的に引用して使えたものは最近（2019年2月〜4月の間）放送されたものばかりで、本書全体のバランスを見るとバリエーションに欠けてしまったかもしれない。私は相当なインターネット信者であるが、それ故に、過去に閲覧したことがあるデータは何かしらの形で、ネット上のどこかに残っているはずだとずっと考えていた。しかし実際のところ、データはどんどん消えていくもので、今後は何らかのアーカイブ

が必要だと痛感している。もうひとつ残念なことはコラムだ。書籍化にあたり当初3本作成することを出版社と約束したが、結局2本になってしまった。実際コラムを書き始めてみると「私はこう思う」という感想になってしまいがちで、本編の辞典部分は出来るだけ客観性のあるタッチで書いたのに、コラムが感想文的になってしまったことに納得出来ず1本はボツにした。これはもう少し練ってから何かしらの形で公開したいと考えている。

とはいえ残念だったことよりも得られたことのほうがずっと多い。同人誌から書籍化するまで、さまざまな気づきがあった。例えば執筆をスタートさせるための情報収集、蓄積、分析する手法の検討、「中華オタク用語辞典」をよりよくする方法や方向性など、今後私が何をすべきか、その展開がちょっぴり見えてきたような気がする。この発見を大切にして、今後もコツコツ新しい作品を執筆していきたいと考えている。どうぞお楽しみに。

私が日本に来たのは2011年。当時は日本のインターネット上における中国像、中国人像は平板でステレオタイプであった。ここ数年、経済・テクノロジー分野で存在感が増し、中国の今を知りたい日本人が増え、自ら発信する中国人もとても増えていると感じている。「中華オタク用語辞典」が書籍化できたのも、こういった背景があったからこそのことである。本書により、中国への理解が少しでも深まることになれば幸いである。またすでに中国語を勉強している方には、会話相手のオタク度やクラスタにもよるので、この本の中の単語がどれくらい使えるか正直保証はできない。しかし本書は勉強の疲れを取るのにもってこいである。読んで笑ってくれたらとても嬉しい。

最後になるが、1冊目の同人誌からずっとサポートしてくれたくーみんさん、Yさん、日頃のサポートをしてくれた妹氏、何度も相談を乗ってくださった高口さん、台湾のオタク用語についていろいろ教えてくださった王さん、同人誌委託先の東方書店さま、書籍化をしてくださった文学通信さま、そして同人誌やこの本を買ってくださった方々に心より感謝いたします。

2019年6月　　　　　　　　　　　　　　　はちこ

［著者］

はちこ

「現代中華オタク文化研究会」サークル主。
小学生の頃、中国語吹き替え版の「キャプテン翼」で日本のアニメを知り、中学生の頃「ナルト」で同人の沼にドハマり。以来、字幕なしでアニメを見ることを目標に、日本語学科へ進学。アニメをより深く理解するには日本の文化や社会の実体験が不可欠だと考え、2011年来日。名古屋大学大学院修士課程を修了後、都内勤務。社会人になったもののリア充にはなれず、学生時代と同じく大部分の時間をアニメ、ネットと無駄な妄想に費やす。2017年、悶々と仕事していたなか、同人デビューしたフォロワーさんに励まされてコミケに初サークル参加を果たし、本書の元となった同人版「中華オタク用語辞典」を頒布開始（第参号まで）。現在も継続的に中華オタク関係の同人誌を執筆している。
Webサイト：http://hathiko8.blogspot.com
Twitterアカウント：@hathiko8

中華オタク用語辞典

2019（令和元）年6月27日　第1版第1刷発行
2019（令和元）年8月10日　第1版第2刷発行
2021（令和3）年10月20日　第1版第3刷発行
2022（令和4）年12月25日　第1版第4刷発行

ISBN978-4-909658-08-1 C0587　ⓒ 2019 Hachiko

発行所　株式会社 文学通信
〒 114-0001 東京都北区東十条1-18-1 東十条ビル1-101
電話 03-5939-9027　Fax 03-5939-9094
メール info@bungaku-report.com　ウェブ https://bungaku-report.com

発行人　岡田圭介
印刷・製本　モリモト印刷

ご意見・ご感想はこちらからも送れます。上記のQRコードを読み取ってください。

※乱丁・落丁本はお取り替えいたしますので、ご一報ください。書影は自由にお使いください。